316

Merve Verlag

Leo Strauss
Alexandre Kojève
Friedrich Kittler

Kunst des Schreibens

Herausgegeben von Andreas Hiepko

Aus dem Englischen von Andreas Hiepko,
aus dem Französischen von Peter Geble

Merve Verlag Berlin

Leo Strauss, „Persecution and the Art of Writing", *Social Research*, Vol. 8, No. 4, November 1941. Die vorliegende Übertragung folgt der geringfügig abweichenden Fassung in: Leo Strauss, *Persecution and the Art of Writing*, Glencoe, Ill. 1952; unveränderter Nachdruck, Chicago, Ill. 1988.

Alexandre Kojève, „The Emperor Julian and his Art of Writing", in: Joseph Cropsey (Hg.), *Ancients and Moderns. Essays on the Tradition of Political Philosophy in Honor of Leo Strauss*, New York 1964, übersetzt von James H. Nichols, Jr. Unsere Übertragung folgt der Ausgabe: Alexandre Kojève, *L'empereur Julien et son art d'écrire*, Paris 1990.

Die Beiträge von Andreas Hiepko und Friedrich Kittler wurden eigens für diesen Band verfasst.

Wir danken Nina Kousnetzoff und Joseph Cropsey (*Estate of Leo Strauss*) für Ihre entgegenkommende Unterstützung.

Redaktorat: Tom Lamberty

Printed in Germany

Druck- und Bindearbeiten: Dressler, Berlin

Umschlagentwurf: Jochen Stankowski, Dresden

ISBN 978-3-88396-250-4

www.merve.de

Inhalt

Andreas Hiepko

Früchte einer Fernbeziehung

In diesem Krieg sind alle Tricks erlaubt

Die Freundschaft von Alexandre Kojève und Leo Strauss reicht bis in die frühen 30er Jahre des letzten Jahrhunderts zurück. Wie ihr Briefwechsel (1932-1965) zeigt, äußerte sie sich in erster Linie als intellektuelle Auseinandersetzung, die zuweilen auch *coram publico* ausgetragen wurde. Ein beredtes Beispiel ist das 1954 erschienene Buch *De la tyrannie*. 1948 hatte Strauss in den USA *On Tyranny*, eine Interpretation von Xenophons *Hieron* veröffentlicht, der Kojève 1950 eine ausführliche Rezension in der von seinem ehemaligen Hegel-Hörer Bataille herausgegebenen Zeitschrift *Critique* widmen sollte. Noch bevor die Besprechung erschienen war, erhielt Kojève eine überschwengliche Dankesbekundung aus Chicago, wo Strauss kurz zuvor im *Department of Political Science* eine Stelle als Professor für politische Theorie angetreten hatte. Am 4. September 1949 schrieb er nach Paris:

„Lieber Herr Kojevnikoff!
haben Sie herzlichsten Dank für Ihren Besprechungs-Aufsatz, den ich, wie Sie sich denken können, sofort mit brennendem Interesse gelesen habe. Die blosse Tatsache, dass Sie so viel Arbeit investiert haben, ist das grösste Kompliment, das mir je zuteil geworden ist. Auf Ihre †subtile† Kritik kann ich in der Eile nichts sagen: ich habe die feste Absicht, sobald Ihre Arbeit erschienen ist, mich in grösster Ausführlichkeit und Entschiedenheit mit Ihnen coram publico auseinanderzusetzen. Ich bin froh, wieder einmal zu sehen, dass wir darüber einig sind, was denn die eigentlichen Probleme sind, die ja heute von allen sei es geleugnet (→ Existenzialismus) sei es trivialisiert (→ Marxismus ~ Thomismus) werden. Ausserdem bin ich froh, dass endlich einmal jemand die andere Position intelligent und en connaissance de cause vertritt, – ohne die feige Vagheit Heideggers.“[1]

Ein Jahr später erschien Kojèves „Besprechungs-Aufsatz“ unter dem Titel „L'action politique des philosophes“, der die „eigentlichen Probleme“ klar benennt: Können bzw. sollen Philosophen Politik machen? Und wenn ja,

---

[1] Leo Strauss, *On Tyranny*, rev. and expanded ed., including the Strauss-Kojève correspondence, hrsg. v. Victor Gourevitch und Michael S. Roth, Chicago / London 2000, S. 214.

wie? Daß sich Heidegger zu dieser Frage nach 1945 nicht mehr eindeutig äußern mochte, ist verständlich. Der dachte anläßlich der Einquartierung französischer Offiziere in seinem Freiburger Haus über „bescheidenste Bedingungen einer Werkstatt für Geistesarbeit" nach und verglich sich etwas weinerlich mit Heraklit. In seinem 1947 in der französischen Zeitschrift *Fontaine* erschienen „Lettre à Jean Beaufret" – der Keimzelle des „Briefs über den Humanismus" – ließ er bekanntlich den frierenden, sich am Backofen die Hände wärmenden Heraklit zudringliche Fremde, die wissen wollten wie ein Denker aussieht, mit den Worten „Auch hier nämlich wesen Götter an" auffordern, doch bitte näherzutreten. Im Dezember desselben Jahres schließlich erteilte die französische Militärregierung Heidegger Lehrverbot, das sie im selben Monat wieder aufhob, in dem Strauss seinen Dankesbrief an Kojève schrieb. Der war unterdessen als Beamter des französischen Wirtschaftsministeriums vollauf damit beschäftigt, die Geschichte zu beenden: mit der Schaffung eines gemeinsamen europäischen Marktes, den GATT-Verhandlungen und der Propagierung eines „gebenden Kolonialismus", kurz, mit dem Versuch die „hegelsche" Idee eines homogenen Weltstaats auf ökonomischem Wege zu verwirklichen.

1954, als der vorzeitig emeritierte Heidegger der vagen Frage *Was heißt Denken?* nachgeht, erscheint *De la tyrannie*, in dem sich der schillernde französische

Regierungsbeamte und der umstrittene amerikanische Professor als Antipoden inszenieren. Denn die Übersetzung des *Hierons* von Xenophon und dessen Interpretation durch Strauss sind um Kojèves leicht gekürzte, nunmehr „Tyrannie et sagesse“ betitelte Rezension ergänzt, der Strauss eine *mise au point* folgen läßt. Hier ist nicht der Ort zu klären, ob die auf den ersten Blick so gegensätzlichen Positionen keine Alternativen darstellen, sondern in Wahrheit solidarisch sind. Hier kann nur rekapituliert werden, wie es zu diesem „Disput“ überhaupt kommen konnte.

Es ist nicht auszuschließen, daß sich Alexandre Kojève und Leo Strauss bereits im Berlin der 20er Jahre des letzten Jahrhunderts persönlich begegnet sind. 1920 war der 18jährige Russe nach Deutschland emigriert, wo er in Berlin und Heidelberg Philosophie und orientalische Sprachen studierte. In Berlin eröffnete sich ihm durch seinen Freund Georg Witt, mit dem er nach Deutschland geflohen war, noch ein anderes Studienfeld: das glamouröse Leben der Stummfilmstars. Denn Witt hatte sich gegen ein zunächst erwogenes Studium entschieden und wurde Produktionsleiter beim Film. 1926 heiratete er die gut zehn Jahre ältere Lil Dagover. Auch Kojève, der sich seinerzeit noch gut deutsch als Alexander Koschewnikoff transkribierte, hatte sich Mitte der 20er verliebt: eine etwas heikle Angelegenheit, denn Cecile Shoutak war zu diesem Zeitpunkt noch verheiratet. Der große Bruder des

Noch-Ehemanns reiste auf Drängen seiner Frau nach Berlin, um ein klärendes Gespräch mit dem um zehn Jahre jüngeren und somit zu jungen Mann zu führen. Was ein dunkler Fleck in der Biographie Kojèves hätte werden können, erwies sich jedoch als entscheidender Wendepunkt seines Lebens. Denn der große Bruder war Alexandre Koyré. Angeblich habe man sich auf Anhieb verstanden. Koyré arbeitete seit Anfang der 20er Jahre an der Pariser *Ecole Pratique des Hautes Etudes* und setzte nun alles daran, seinen unvermuteten Wahlverwandten nach Paris zu locken. Tatsächlich übersiedelten Koschewnikoff und seine Frau Cecile 1926 nach Paris, nachdem er in Heidelberg von Jaspers mit einer Arbeit über *Die religiöse Philosophie Wladimir Solowjews*[2] promoviert worden war.

Der drei Jahre ältere Leo Strauss, der 1921 von Ernst Cassirer mit einer Arbeit über Friedrich Heinrich Jacobi promoviert wurde, kam 1925 als Mitarbeiter der Akademie für die Wissenschaft des Judentums nach Berlin. Einiges spricht dafür, daß sich die Kreise, in denen Kojève und Strauss verkehrten, überschnitten haben. Sicher ist, daß sie sich erst Anfang der 30er Jahre in

---

[2] Ein Auszug aus der Dissertation ist 1930 unter dem Titel „Die Geschichtsphilosophie Wladimir Solowjews" im 3. Heft des 1. Jahrgangs der „internationalen Zeitschrift für russische Philosophie, Literaturwissenschaft und Kultur" *Der Russische Gedanke* erschienen (S. 305-324).

Paris näherkamen. Strauss hatte ein Stipendium der Rockefeller-Foundation erhalten, um in Paris jüdische und islamische Philosophie des Mittelalters zu studieren und ein Hobbes-Buch abzuschließen. Am 15. November 1932 gibt er Karl Löwith, der sich ebenfalls um ein Stipendium für Paris bewerben möchte, einen ersten akademischen Lagebericht:

> „Zwei hervorragende Männer habe ich gesehen, beide – natürlich – nicht Philosophen: 1) der Geograph André Siegfried [...]. 2) der Arabist Massignon [...]. Gilson ist nicht hier: Er hält Vorträge in Kanada. Koyré ist a jolly good fellow; er steht stark unter Dilthey-Groethuysenschem Einfluß. [...] Koyré ist der einzige Mensch, mit dem ich zusammenkomme. Bei ihm lernte ich einen sehr klugen und sehr sympathischen Russen kennen, einen Schüler von Jaspers (Koschevnikoff), mit dem ich mich wenigstens in den Negationen sehr verständige.“[3]

Neben der „Verständigung in den Negationen“ kam es zu geselligen Abenden mit Frau (Strauss hatte in Paris Mirjam Petry geheiratet) beziehungsweise Partnerin

---

[3] Leo Strauss, *Hobbes' politische Wissenschaft und zugehörige Schriften – Briefe*, hrsg. v. Heinrich und Wiebke Meier (=*Gesammelte Schriften*, Bd. 3), Stuttgart / Weimar 2001, S. 608.

(Kojève war seit 1931 wieder geschieden). Regelmäßig bedankt sich der die Musik nicht sonderlich schätzende Strauss im Namen seiner Frau für die Schallplatten, die Kojève ihr geliehen hatte. Doch im Zentrum dieser Männerfreundschaft stand die Arbeit: der „sehr sympathische Russe" war wesentlich an Leo Strauss' erster Veröffentlichung in französischer Sprache beteiligt, einer Rezension des Hobbes-Buches von Zbigniew Lubienski, die unter dem Titel „Quelques remarques sur la science politique de Hobbes" in den von Koyré mitherausgegebenen *Recherches Philosophique*[4] erschien. Mit Blick auf die Publikation in einer deutschen Zeitschrift hatte sie Strauss natürlich auf deutsch verfaßt. Doch das Jahr 33 überbot schon im Januar noch die schlimmsten Befürchtungen, die man Ende 32 bereits hatte. An eine Veröffentlichung in Deutschland war nicht mehr zu denken. Insofern wird Strauss das Angebot Kojevnikoffs – mit dieser gut französisch transkribierten Version seines Namens waren Kojèves eigene Rezensionen in den *Recherches* unterzeichnet –, „Einige Anmerkungen über die politische Wissenschaft des Hobbes" ins Französische zu übersetzen, gerne angenommen haben, zumal der freigebige Russe darauf verzichtete, daß seine Übersetzungsleistung irgend erwähnt wird. Man mußte davon ausgehen, daß Strauss für die französische Fassung seines Aufsatzes selbst verantwortlich war. Nach der Lek-

[4] *Recherches Philosophiques* 2 (1932-33), S. 609-622.

türe des Artikels schrieb Jacob Klein am 17. Juli 1933 aus Berlin nach Paris:

> „Ich danke Dir – lieber Strauss – für Dein erstes französisches Opus, zu dem ich allerhand zu sagen habe. Aber ich kann das im Augenblick nicht tun [...]. Ganz allgemein kann ich nur sagen, dass la vigueur de ton style, le suc même de ta pensée, ne s'y retrouve pas [sich hier rein gar nichts von Deinem energischen Stil, ja selbst vom Gehalt Deines Denkens wiederfindet]! Ich bin fest davon überzeugt, dass mit der Zeit die Dir gemässe französische Form sich von selbst einstellen wird, dass die Übersetzung allmählich in Paraphrase übergehen und dann auch völlig verschwinden wird."[5]

Zwei Tage später war der Brief in Paris. Noch am selben Tag dankte Strauss für die „sowohl allzu schmeichelhafte wie allzu niederschlagende Bemerkung über die Lubienski-Rezension" und stellte richtig:

> „Sie ist allzu *schmeichelhaft* – denn so *gut* französisch, wie der Übersetzer meiner deutsch geschriebenen Besprechung, d.h. wie Koschevnikoff, kann ich nicht, und werde ich nie können; ich

---

[5] Strauss, *Hobbes' politische Wissenschaft*, S. 467f.

> werde mein Lebtag nur deutsch schreiben. (Dass das unter den gegebenen Umständen beinahe ein Unglück ist, weiss ich selbst sehr wohl; mais on emporte sa langue avec les semelles). Deine Bemerkung ist allzu *niederschlagend*: denn ich kann mir nicht denken, dass der werte Sinngehalt *völlig* durch die unangemessene Form erschlagen worden ist. Es ist für mich *sehr* wichtig zu wissen, ob denn überhaupt nichts von meiner Meinung zu erkennen ist…“[6]

Kojève hatte seine Bestimmung gefunden: deutsche Inhalte so ins Französische zu übersetzen, daß sie kaum wiederzuerkennen sind. Noch im selben Jahr begann er, an der *Ecole Pratique des Hautes Etudes* in Vertretung Koyrés – der eine Gastprofessur in Kairo wahrnahm – dem staunenden Publikum Hegels *Phänomenologie* vom Blatt zu übersetzen, – mit durchschlagendem Erfolg. Zwar entwickelte sich daraus keine Hochschulkarriere – eine offizielle Lehrerlaubnis erhielt Kojève in Frankreich nie – doch zu seinen Hörern zählte auch Robert Marjolin, ein Ökonom, der Anfang der 30er Jahre mit einem Stipendium der Rockefeller-Foundation Soziologie und Wirtschaftswissenschaften an der Yale-Universität studiert hatte, wo er von der Doktrin des *New Deal* nachhaltig beeinflußt wurde. Nach dem Krieg wurde Marjolin

---

[6] Ebd., S. 468f.

zunächst Leiter der Außenhandelsabteilung im französischen Wirtschaftsministerium, später Staatssekretär beim Beauftragten für den französischen Wiederaufbau. Marjolin verschaffte Kojève, der nach Kriegsende eine Zeitlang arbeitslos war, zunächst einen Posten in der *Direction de la Recherche et des Etudes Economiques*, dann im französischen Wirtschaftsministerium. Ab 1948 war Kojève Sekretär für die OSZE. Zur universitären Philosophie fand er nicht mehr zurück. Kojèves These, daß mit dem Ende der Geschichte auch die Philosophie an ihr Ende gelangt sei, und der Philosoph wieder vom Weisen, an dessen Stelle er einst getreten war, abgelöst werde, faßt nur eine biographische Erfahrung zusammen: der ehemalige Dozent für Philosophie war Wirtschaftsweiser geworden.

Strauss konnte in Paris nicht heimisch werden. Und dies nicht nur, weil, wie er Löwith im Mai 1933 schrieb, „die »Konkurrenz« sehr gross" war, da sich dort „das ganze deutsch-jüdische intellektuelle Proletariat" befand, so daß er „am liebsten fort liefe nach Deutschland"[7], sondern auch, wie er im Dezember desselben Jahres Gerhard Krüger anvertraute, „infolge des Umstands, dass ich hier als »Nazi« gelte"[8]. Strauss geht mit einem weiteren Rockefeller-Stipendium nach Cambridge, wo er bis

---

[7] Ebd., S. 624.

[8] Ebd., S. 435.

1938 bleibt und das Manuskript seines Hobbes-Buches fertigstellt – auf deutsch. Erst 1939, als er nach New York übersiedelt, beginnt er damit, seine Texte auf Englisch zu verfassen. Interessanterweise beschäftigen sich diese ersten Gehversuche in einer anderen Sprache mit jenem Thema, daß im Zentrum seines Aufsatzes „Verfolgung und die Kunst des Schreibens" steht: der Unterscheidung von exoterischer und esoterischer Lehre. Der erste Text, „Exoteric Teaching", der erst 1986 veröffentlicht wurde[9], beschäftigt sich mit Lessing, dem laut Strauss letzten Gelehrten, dem die Bedeutung dieser Unterscheidung noch bewußt sei, und Schleiermacher, der beispielhaft für den Bruch mit dieser Tradition stehe. Der zweite, „The Spirit of Sparta or the Taste of Xenophon", erschien in der Zeitschrift *Social Research*[10] und wendet die Methode des „Zwischen-den-Zeilen-Lesens" erstmals systematisch auf einen Text an: Xenophons *Lakedaemonische Verfassung*. Anders als dieser Text gemeinhin verstanden wird, sei er kein Lob der spartanischen Verfassung und Lykurgs, sondern eine Satire. Anders als „Persecution and the Art of Writing", der 1941 ebenfalls in der Zeitschrift des neuen Arbeitgebers von Strauss, der *New School of Social Research*, erschien, fanden die beiden früheren Texte keinen Eingang in den

---

[9] „Exoteric Teaching", hrsg. von Kenneth H. Green, in: *Interpretation* 14 (1986), S. 51-59.

[10] *Social Research* 6 (1939), S. 502-535.

gleichnamigen Sammelband[11] von 1952. Doch mit ihnen hatte Strauss nicht nur das zentrale Thema seines Denkens gefunden, sondern auch die Sprache, in der er es zu formulieren verstand.

---

[11] Der Vollständigkeit halber sei hier kurz auf den in den 1950er Jahren im akademischen Milieu so beliebten Schlagabtausch hingewiesen, der auf die Veröffentlichung von *Persecution and the Art of Writing* folgte. Der in Strauss' titelgebendem Essay als Ignorant vorgeführte Historiker George H. Sabine konterte mit einem Verriß in *Ethics* (April 1953). Auch auf dem alten Kontinent wurden von Yvon Belaval scharfe Einwände erhoben („Pour une sociologie de la philosophie", *Critique*, Oktober 1954). Beiden antwortete Strauss 1954 in der *Chicago Review*: „On a Forgotten Kind of Writing" (wieder abgedruckt in Leo Strauss, *What is Political Philosophy?,* The Free Press of Glencoe, Illinois 1959, S. 221-232) – recht betrachtet antwortet er jedoch einem dritten: „Belaval is right when he says that one cannot accept the "Averroistic" view if one believes that M. Kojève teaches the truth" (S. 230). Der französische Leibnizspezialist ist nur der Strohmann, das Sprachrohr des Freundes aus Pariser Tagen: „As Belaval notes, M. Kojève, comparing my method to that of the detective, asserted that there is this difference: that my method cannot lead up to the confession of the criminal. My answer is twofold: I know of cases where the criminal confessed posthumously after having made sure that the detective would not condemn him; and I would be happy if there were suspicion of crime where up to now there has only been implicit faith in perfect innocence (S. 231f.). Strauss wäre froh, wenn an die Stelle des unhinterfragten Glaubens an vollkommene Unschuld der beständige Verdacht treten würde, daß hinter allem, wie unschuldig es auch scheinen mag, verbrecherische Absichten zu suchen sind. Strauss: eine Schule der Niedertracht.

Am 3. Juni 1965 konnte sich Leo Strauss bei Alexandre Kojève ein zweites Mal bedanken: für dessen Beitrag zu der Festschrift *Ancients and Moderns*, die Joseph Cropsey ein Jahr zuvor aus Anlaß des 65. Geburtstags des Chicagoer Politikwissenschaftlers herausgegeben hatte. Kojève hatte einen ironischen Kommentar zu Strauss' Theorie des „Zwischen-den-Zeilen-Schreibens" beigesteuert: „The Emperor Julian and his Art of Writing". Der habe seinen philosophischen Atheismus so kunstreich verborgen, daß wir ihn noch immer für einen gläubigen Heiden halten.

Schon in ihrer ersten Auseinandersetzung *coram publico* hatte Kojève einen grundsätzlichen Einwand gegen Strauss' strategische Nutzung der Philosophie zur Elitenbildung in spektakulär organisierten Massengesellschaften – die auf die Formel gebracht werden kann: Den vielen die „edle Lüge" (*gennaios pseudos*) und den „frommen Betrug" (*pia fraus*), und damit sie als solche erkannt werden können, den wenigen die „(kleine) Andeutung" (*smikra endeixis*) – formuliert, der hier abschließend ungekürzt zitiert werden soll:

> „Der Weise, sagt [Strauss], »begnügt sich mit der Billigung durch eine kleine Minorität«. Er sucht nur die Billigung durch die »Würdigen«, und diese können nur eine kleine Zahl darstellen. Daher wird der Philosoph seine Zuflucht zum *esoterischen*

(vorwiegend mündlichen) Unterricht nehmen, der ihm unter anderem erlaubt, die »Besten« auszuwählen und den »Beschränkten« auszumerzen, der nicht fähig ist, die versteckten Anspielungen und die stillschweigend einbegriffenen Nebengedanken zu verstehen.

Ich muß gestehen, daß ich mich hier von Strauss und der antiken Tradition entferne und die meiner Meinung nach auf einem aristokratischen *Vorurteil* beruht [...]. Ich glaube nämlich, daß Idee und Praxis der »intellektuellen Elite« eine sehr ernste Gefahr einschließen, die der Philosoph als solcher um jeden Preis zu vermeiden suchen müßte.

Die Gefahr, der sich die Bewohner der diversen »Gärten«, »Akademien«, »Lyzeen« und »Gelehrtenrepubliken« aussetzen, stammt aus dem sogenannten »Cliquengeist«. Gewiß ist der »Kreis« eine Gesellschaft und schließt den *Wahnsinn* aus, der seinem Wesen nach asozial ist. Statt aber die *Vorurteile* auszuschließen, strebt er dagegen danach, sie zu kultivieren und zu züchten. Leicht kann es vorkommen, daß man nur solche in den Schoß des »Kreises« aufnimmt, welche die Vorurteile akzeptieren, mit denen er sich glaubt brüsten zu können. [...] Es ist die Pflicht des Philosophen, sich von diesen Vorurteilen so schnell und so gründlich wie möglich abzuwenden. Indes neigt jede in sich geschlossene Gesellschaft, die eine Doktrin übernimmt, jede zum Zweck des Lehrens einer Doktrin ausgewählte »Elite« dazu, die Vorurteile, welche diese Doktrin mit sich führt, zu untermauern. Der Philosoph, der die Vorurteile flieht, müßte also eher versuchen, in der großen Welt zu leben (auf dem »Forum« oder »auf der Straße« wie Sokrates) als in einem »Kreis«, gleichviel ob er »republikanisch« oder »aristokratisch« wäre."[12]

---

[12] Alexandre Kojève, „Tyrannis und Weisheit", in Leo Strauss, *Über Tyrannis. Eine Interpretation von Xenophons »Hieron«*, Neuwied am Rhein / Berlin 1963, S. 145-193, hier: S. 168f.

Leo Strauss

Verfolgung und die Kunst des Schreibens

> *Daß sich das Laster oft als Befreier des Geistes erwiesen hat, ist eine der demütigendsten, zugleich aber auch eine der unzweifelhaftesten historischen Tatsachen.*
>
> W. E. H. Lecky

I

In einer Reihe von Ländern, in denen man sich seit rund einhundert Jahren einer praktisch uneingeschränkten Meinungsfreiheit erfreut hat, ist diese Freiheit nun abgeschafft und durch einen Zwang ersetzt worden, der die öffentliche Rede mit solchen Ansichten gleichschalten soll, die die Regierung für nützlich hält oder tatsächlich ernsthaft vertritt. Es mag der Mühe wert sein, kurz darüber nachzudenken, wie sich dieser Zwang oder diese Verfolgung sowohl auf das Denken, als auch auf das Handeln[1] auswirkt.

---

[1] *Scribere est agere*. Siehe Sir William Blackstone, *Commentaries*, IV. Buch, Kap. 6. Vgl. Machiavelli, *Discorsi*, III, 6 (*I Classici del Giglio*, S. 424-26) und Descartes, *Discours de la méthode*, VI, Anfang.

Ein Gutteil der Bevölkerung, vermutlich die große Mehrheit der jüngeren Generation[2] hält die von der Regierung geförderten Ansichten, wenn nicht sofort, so doch nach einiger Zeit für wahr. Wie sind sie überzeugt worden? Und welche Rolle spielt in diesem Zusammenhang die Zeit? Durch Zwang sind sie nicht überzeugt worden, denn Zwang vermag nicht zu überzeugen. Er kann der Überzeugung lediglich den Weg bahnen, indem er jeden Widerspruch zum Schweigen bringt. Was man Gedankenfreiheit nennt, bedeutet in der Mehrzahl der Fälle – praktisch besteht sie sogar in nichts anderem –, daß man zwischen zwei oder mehr verschiedenen Ansichten wählen kann, die von einer kleinen Minderheit öffentlich sich äußernder Redner oder Schriftsteller vertreten werden.[3] Wird diese Wahl unterbunden, nimmt man damit vielen Menschen die einzige Form geistiger Unabhängigkeit, die ihnen zu Gebote steht, und mit ihr die einzige Gedankenfreiheit, die politisch von Belang ist. Folglich ist Verfolgung die unerläßliche Bedingung dafür, daß das, was man *logica equina* nennen könnte, seinen

---

[2] „*Sokrates:* Siehst du eine Möglichkeit, sie davon zu überzeugen, daß dieses Märchen wahr ist? *Glaukon:* Bei diesen selbst keinesfalls, aber ich weiß, wie es bei ihren Söhnen und ihren Nachkommen und den anderen Menschen späterer Zeiten erreicht werden kann. *Sokrates:* ... ich verstehe ungefähr, was du meinst." Platon, *Der Staat*, 415 c6-d5.

[3] „Vernunft ist nichts als Wahl", lautet die zentrale These von Miltons *Areopagitica*.

höchsten Wirkungsgrad entfalten kann. Laut dem von Rossen getragenen Parmenides oder Gullivers Houyhnhnms kann man nicht, jedenfalls nicht vernünftigerweise sagen, „was nicht ist“: das heißt, Lügen sind undenkbar. Diese Logik ist nicht nur Pferden oder von Pferden gezogenen Philosophen eigentümlich, sondern bestimmt ebenso, wenn auch in leicht abgeänderter Form, das Denken vieler gewöhnlicher Menschen. Selbstverständlich würden sie einräumen, daß der Mensch lügen kann und dies auch tut. Sie würden aber auch hinzufügen, daß Lügen kurzlebig sind und die Probe der Wiederholung – es sei denn ständiger Wiederholung – nicht bestehen; folglich müsse eine Behauptung, die unablässig wiederholt wird, ohne daß sich Widerspruch gegen sie regt, wahr sein. Eine andere Argumentation lautet, daß zwar die eine oder andere Aussage eines gewöhnlichen Zeitgenossen eine Lüge sein mag, die Wahrheit einer Aussage eines verantwortungsvollen und angesehenen Mannes, und somit insbesondere eines Mannes in einer höchst verantwortungsvollen und herausgehobenen Stellung, aber moralisch außer Zweifel stehe. Diese beiden Enthymeme führen zu dem Schluß, daß an der Wahrheit einer Behauptung, die von der Spitze der Regierung unablässig wiederholt wird, ohne daß ihr widersprochen würde, nicht der geringste Zweifel besteht.

Daraus folgt, daß in den betreffenden Ländern all jene, deren Denken nicht den Regeln der *logica equina* folgt, mit anderen Worten, all jene, die zu wahrhaft unabhängigem Denken fähig sind, nicht dazu gebracht werden können, sich die von der Regierung geförderten Ansichten zu eigen zu machen. Verfolgung kann also unabhängiges Denken nicht verhindern. Sie kann nicht einmal den Ausdruck unabhängigen Denkens verhindern. Denn es ist heute nicht weniger wahr als vor mehr als zweitausend Jahren, daß es keinerlei Gefahren in sich birgt, eine Wahrheit, die man kennt, wohlwollenden und vertrauenswürdigen Bekannten, oder genauer, verständigen Freunden mitzuteilen.[4] Verfolgung kann nicht einmal die öffentliche Äußerung einer heterodoxen Wahrheit verhindern, da ein selbständig denkender Mensch, sofern er umsichtig vorgeht, seine Ansichten in aller Öffentlichkeit unbehelligt äußern kann. Er kann sie sogar drucken lassen, ohne sich in Gefahr zu begeben, sofern er zwischen den Zeilen zu schreiben versteht.

Der Ausdruck „Zwischen-den-Zeilen-Schreiben“ ist der Gegenstand dieses Aufsatzes. Denn Verfolgung wirkt sich auf die Literatur eben gerade dadurch aus, daß sie alle Autoren, die heterodoxe Ansichten vertreten, dazu zwingt, eine besondere Schreibtechnik zu entwickeln: eben jene Technik, die wir im Sinn haben, wenn wir vom Zwischen-den-Zeilen-Schreiben sprechen. Offensichtlich ist dieser Ausdruck metaphorisch. Jeder Versuch, seine Bedeutung in einer unmetaphorischen Sprache auszu-

---

[4] Platon, *Der Staat*, 450 d3-e1.

drücken, führt zur Entdeckung einer terra incognita, einem Feld, von dem man bislang nicht einmal die genauen Ausmaße kennt und das ein weites Gebiet für höchst faszinierende und sogar wichtige Untersuchungen bildet. Ohne fürchten zu müssen, sogleich maßloser Übertreibung bezichtigt zu werden, könnte man sagen, daß die so gut wie einzige Vorarbeit, die den Forscher auf diesem Feld leiten könnte, in den Schriften der antiken Rhetoriker verborgen liegt.

Um zu unserem gegenwärtigen Thema zurückzukehren, wollen wir ein einfaches Beispiel betrachten, das, wie ich Anlaß zu haben glaube, der Wirklichkeit nicht so fern liegt, wie es zunächst den Anschein hat. Wir können uns leicht vorstellen, daß ein in einem totalitären Land lebender Historiker, ein allgemein anerkanntes und unverdächtiges Mitglied der einzigen existierenden Partei, durch seine Forschungen dazu gebracht wird, an der Stichhaltigkeit der von der Regierung geförderten Interpretation der Religionsgeschichte zu zweifeln. Niemand würde ihn daran hindern, eine leidenschaftliche Streitschrift gegen das, was er den liberalen Standpunkt nennen würde, zu veröffentlichen. Natürlich müßte er den liberalen Standpunkt darlegen, ehe er ihn angreifen kann. Diese Darlegung würde er in der ruhigen, unspektakulären, etwas langweiligen Art abfassen, die nur natürlich erscheinen würde; er würde viele Termini technici verwenden, viele Zitate anführen, und ein unangemessenes Gewicht auf unbedeutende Details legen; er würde sich den Anschein geben, über den läppischen Plänkeleien von Pedanten den heiligen Krieg der Menschheit zu vergessen. Erst wenn er beim Kern seiner Erörterung angelangt wäre, würde er drei oder vier Sätze in jenem gedrängten und lebhaften Stil schreiben, der geeignet ist, die Aufmerksamkeit junger Menschen, die gerne denken, zu erregen. Diese zentrale Stelle spräche die Sache der Gegner deutlicher, überzeugender und unerbittlicher aus, als sie selbst in der Blütezeit des Liberalismus ausgesprochen wurde, da sie stillschweigend all jene törichten Auswüchse des liberalen Credos wegließe, die sich ausbilden konnten, nachdem sich der Liberalismus durchgesetzt hatte und deshalb in eine Art Winterschlaf zu fallen begann. Sein verständiger junger Leser würde zum ersten Mal einen flüchtigen Blick auf die verbotene Frucht werfen können. Der den Hauptteil des Werkes ausmachende Angriff würde darin bestehen, die boshaftesten Aussagen der heiligen Schrift oder Schriften der Regierungspartei auf die boshafteste Weise auszumalen. Den klugen jungen Mann, der sich ob seiner Jugend von den maßlosen Aussagen bislang durchaus angezogen fühlte, würden sie nun nur noch anwidern, wenn nicht gar, da er von der verbotenen Frucht gekostet hat, anöden. Beim zweiten und dritten Lesen des Buches entdeckte er nun selbst in der Anordnung der Zitate aus den maßgeblichen Büchern bedeutsame Ergänzungen zu den wenigen knappen Andeutungen, die im Zentrum des recht kurzen ersten Teils stehen.

Verfolgung bringt also eine eigentümliche Schreibtechnik hervor und somit einen eigentümlichen Typ von Literatur, bei der die Wahrheit über alle wesentlichen Dinge ausschließlich zwischen den Zeilen angedeutet wird. Diese Literatur richtet sich nicht an alle Leser, sondern nur an die klugen und vertrauenswürdigen unter ihnen. Sie hat alle Vorzüge der privaten Mitteilung, ohne deren größten Nachteil zu haben – nur den Bekanntenkreis des Schriftstellers zu erreichen. Sie hat alle Vorzüge der öffentlichen Mitteilung, ohne deren größten Nachteil zu haben – die Höchststrafe für den Autor. Doch wie sollte man das Wunder vollbringen, in einer Veröffentlichung zu einer Minderheit zu sprechen, während man der Mehrzahl seiner Leser gegenüber schweigt? Der Umstand, der diese Literatur ermöglicht, kann in dem Axiom ausgedrückt werden, daß gedankenlose Menschen unachtsame, nachdenkliche Menschen jedoch aufmerksame Leser sind. Deshalb muß ein Autor, der sich nur an nachdenkliche Menschen zu richten wünscht, nichts weiter tun, als so zu schreiben, daß nur ein sehr aufmerksamer Leser den Sinn seines Buches zu erfassen vermag. Was aber, ließe sich einwenden, wenn es gescheite Menschen gäbe, aufmerksame Leser, die nicht vertrauenswürdig sind und den Autor, wenn sie ihn einmal durchschaut haben, bei der Obrigkeit denunzieren. In der Tat wäre solch eine Literatur undenkbar, wenn das sokratische Diktum, daß Wissen Tugend ist und folglich nachdenkliche Menschen ihrem Wesen nach vertrauenswürdig und nicht bösartig sind, gänzlich falsch wäre.

Ein anderes Axiom, das jedoch nur dann gültig ist, wenn die Verfolgung in den Grenzen legaler Verfahren bleibt, besagt, daß ein achtsamer Schriftsteller von durchschnittlicher Klugheit klüger ist als der klügste Zensor. Denn die Beweislast liegt beim Zensor. Er – beziehungsweise der Staatsanwalt – muß beweisen, daß der Autor heterodoxe Ansichten vertritt oder geäußert hat. Will er dies tun, muß er nachweisen, daß gewisse literarische Unzulänglichkeiten des Werkes nicht dem Zufall geschuldet sind, sondern daß der Autor einen bestimmten zweideutigen Ausdruck mit Bedacht gewählt oder einen bestimmten Satz absichtlich schlecht konstruiert hat. Der Zensor muß also nicht nur beweisen, daß der Autor klug ist und sich im allgemeinen auszudrücken versteht, da derjenige, der beim Schreiben vorsätzlich pfuscht, die Kunst des Schreibens beherrschen muß, sondern darüber hinaus, daß er auf der Höhe seiner intellektuellen Möglichkeiten war, als er die belastenden Worte schrieb. Doch wie kann das bewiesen werden, wenn selbst Homer von Zeit zu Zeit einnickt?

II

Unterdrückung unabhängigen Denkens war in der Vergangenheit keine Seltenheit. Es gibt Grund zu der

Annahme, daß es früher verhältnismäßig ebenso viele zu unabhängigem Denken fähige Menschen gab wie heutzutage und daß zumindest einige von ihnen Verstand mit Umsicht zu paaren wußten. Insofern stellt sich die Frage, ob nicht einige der größten Schriftsteller der Vergangenheit ihre literarische Technik den Erfordernissen der Verfolgung angepaßt haben, indem sie ihre Ansichten zu allen dringlichen Fragen ihrer Zeit ausschließlich zwischen den Zeilen äußerten.

Gewisse Gepflogenheiten, die auf eine vergleichsweise junge Entwicklung in der historischen Forschung zurückgehen oder mit ihr zusammenhängen, hindern uns jedoch daran, dieser Möglichkeit und mehr noch den mit ihr verbundenen Fragen nachzugehen. Diese Entwicklung macht sich in erster Linie durch die allgemeine Anerkennung und gelegentliche Anwendung folgender Grundsätze bemerkbar. Jede Epoche der Vergangenheit, so lautete die Forderung, muß aus sich selbst heraus verstanden werden, darf also nicht nach Maßstäben beurteilt werden, die von außen an sie herangetragen werden. Jeder Autor muß, soweit wie möglich, aus sich selbst gedeutet werden; für die Interpretation eines Autors darf kein Begriff herangezogen werden, der nicht wörtlich in seine Sprache übersetzt werden kann, nicht von ihm benutzt wurde oder in seiner Zeit nicht allgemeine Verwendung fand. Nur solche Darstellungen der Ansichten eines Autors sind als zutreffend zu erachten, die letztlich von seinen eigenen eindeutigen Aussagen erhärtet werden. Der letzte Grundsatz ist entscheidend: Er scheint a priori solche Ansichten älterer Autoren aus dem Bereich menschlicher Erkenntnis auszuschließen, die lediglich zwischen den Zeilen angedeutet werden. Denn wenn ein Autor nicht müde wird, auf jeder Seite seines Buches unmißverständlich zu erklären, *a* sei *b*, jedoch zwischen den Zeilen andeutet, daß *a* nicht *b* sei, wird der moderne Historiker dennoch explizite Belege einfordern, die beweisen, daß der Autor der Meinung war, daß *a* nicht *b* sei. Da solche Belege schlechterdings nicht beizubringen sind, behält der moderne Historiker recht: er kann jedes Zwischen-den-Zeilen-Lesen als willkürliches Rätselraten abtun, oder, wenn er träge genug ist, als intuitive Erkenntnis gelten lassen.

Die Anwendung dieser Grundsätze hatte erhebliche Konsequenzen. Noch soll es den ein oder anderen geben, der sich an die Zeit erinnern kann, als viele aufgrund berühmter Aussagen von Bodin, Hobbes, Burke, Condorcet und anderen glaubten, daß sich das politische Denken der Neuzeit vom politischen Denken des Mittelalters und des Altertums in entscheidenden Punkten unterscheidet. Die gegenwärtige Forschergeneration ist von einem der bekanntesten Historiker unserer Tage belehrt worden, daß „die Geschichte des politischen Denkens zumindest seit den Juristen des 2. Jahrhunderts bis zu den Theoretikern der Französischen Revolution kontinuierlich verläuft, die Gestalt wechselt, die Inhalte modifiziert, doch sich in ihren grundlegenden Ideen gleichbleibt".[5] Bis Mitte des 19. Jahrhunderts glaubte man, Averroes habe jeglicher Religion feindlich gegenübergestanden. Nach Renans erfolgreichem Angriff auf das, was seither als mittelalterliche Legende betrachtet wird, halten heutige Gelehrte Averroes für einen loyalen, wenn nicht gar gläubigen Muslim[6]. Früher war man der Meinung, daß „die Abschaffung religiösen und magischen Denkens" für die Einstellung der griechischen Ärzte charakteristisch war. Ein Autor aus jüngerer Zeit erklärt, daß „die Hippokratischen Ärzte ... als Wissenschaftler an eine übernatürliche Lehre glaubten".[7] Lessing, einer der tiefgründigsten Geisteswissenschaftler aller Zeiten, der die überaus seltene Gabe hatte, Gelehrsamkeit, Geschmack und Philosophie in sich zu vereinen, war der Überzeugung, daß es Wahrheiten gebe, die nicht ausgesprochen werden dürfen oder können, und glaubte, daß „alle alte Philosophen" zwischen ihrer exoterischen und ihrer esoterischen Lehre unterschieden hätten.

---

[5] Robert W. Carlyle, Alexander J. Carlyle, *A History of Mediæval Political Theory in the West*, I, 2. Aufl., Edinburgh 1927, 2.

[6] Ernest Renan, *Averroès et l'Averroïsme*, 3. Aufl., Paris 1866, 292 ff. Léon Gauthier, *La théorie d'Ibn Rochd (Averroès) sur les rapports de la religion et de la philosophie*, Paris 1909, 126 ff. und 177 ff. Vgl. auch dessen Aufsatz „Scolastique musulmane et scolastique chrétienne", *Revue d'Histoire de la Philosophie*, II (1928), 221 ff. und 333 ff.

[7] Ludwig Edelstein, „Greek Medicine in its Relation to Religion and Magic", *Bulletin of the Institute of the History of Medicine*, V (1937), 201 und 211.

Nachdem der große Theologe Schleiermacher mit einem ausgesprochen überzeugenden Argument seine Ansicht untermauerte, daß es nur eine platonische Lehre gebe, verengte sich die Frage der Esoterik der alten Philosophen praktisch auf die Bedeutung von Aristoteles' „exoterischen Reden"; heute kann einer der größten Geisteswissenschaftler unserer Tage bezüglich der vermeintlichen Geheimlehre des Aristoteles erklären, daß „deren später Ursprung aus dem Geist des Neupythagoreertums nicht verborgen bleiben konnte".[8] Gibbon zufolge habe Eusebius „indirekt eingestanden, daß er berichtet hat, was immer den Ruhm der Religion zu mehren versprach und alles unterschlagen hat, was zu ihrer Schande hätte gereichen können". Laut einem heutigen Historiker ist „Gibbons Urteil, daß die *Kirchengeschichte* höchst ungerecht war, selbst ein voreingenommenes Urteil".[9] Bis zum Ende des 19. Jahrhunderts glaubten viele Philosophen und Theologen, Hobbes sei Atheist gewesen. Heutzutage lehnen viele Historiker diese Ansicht offen oder versteckt ab; ein zeitgenössischer Denker meint, obwohl er

---

[8] Lessing, *Ernst und Falk*, 2. Gespräch; und „Leibniz von den ewigen Strafen", *Werke*, hrsg. von Julius Petersen und Waldemar v. Olshausen, Berlin 1925, XXI, 147. Friedrich Schleiermacher, *Platons Werke*, Berlin 1804, Bd. I, 1, S. 12-20. Werner Jaeger, *Aristoteles*, Berlin 1923, 33. Vgl. Sir Alexander Grant, *The Ethics of Aristotle*, London 1874, I, 398 ff. und Eduard Zeller, *Aristoteles und die alten Peripatetiker*, 3. Aufl., Leipzig 1879, 124 ff.

[9] James T. Shotwell, *The History of History*, I, New York 1939, 356 ff.

Hobbes nicht für einen religiösen Menschen im eigentlichen Sinn des Wortes hält, in seinen Schriften die Konturen einer neukantianischen Religionsphilosophie erkennen zu können.[10] Montesquieu selbst, wie auch einige seiner Zeitgenossen glaubten, daß *De l'esprit des lois* eine gute, ja selbst wunderbare Gliederung habe; noch Laboulaye war der Meinung, daß die offenkundige Dunkelheit der Komposition wie auch die sonstigen unübersehbaren literarischen Mängel Zensur oder Verfolgung geschuldet waren. Einer der bedeutendsten Historiker des politischen Denkens der Gegenwart behauptet jedoch, daß „es recht eigentlich keine zusammenhängende Erörterung des Gegenstands gibt, man es mit außergewöhnlich vielen Nebensächlichkeiten zu tun hat" und „man nicht davon sprechen kann, daß in Montesquieus Geist der Gesetze irgendeine Ordnung zu erkennen sei."[11]

---

[10] Ferdinand Tönnies, *Thomas Hobbes*, 3. Aufl., Stuttgart 1925, 148. George E. G. Catlin, *Thomas Hobbes*, Oxford 1922, 25. Richard Hönigswald, *Hobbes und die Staatsphilosophie*, München 1924, 176 ff. Leo Strauss, *Die Religionskritik Spinozas als Grundlage seiner Bibelwissenschaft*, Berlin 1930, 80. Zbigniew Lubienski, *Die Grundlagen des ethisch-politischen Systems von Hobbes*, München 1932, 213 ff.

[11] George H. Sabine, *A History of Political Theory*, New York 1937, 556 und 551. Friedrich Meinecke, *Die Entstehung des Historismus*, München 1936, 139 ff. und 151, Fußnote 1. Édouard Laboulaye, „Introduction à l'Esprit des Lois", *Oeuvres complètes de Montesquieu*, Paris 1876, Bd. 3, S. xviii ff. Laboulaye zitiert in diesem Zusammen-

Diese nicht ganz willkürlich gewählten Beispiele zeigen, daß der charakteristische Unterschied zwischen älteren und jüngeren Ansichten nicht nur auf einen Fortschritt in historischer Genauigkeit, sondern auch auf einen tiefgreifenderen Wandel des intellektuellen Klimas zurückzuführen ist. In den zurückliegenden Jahrzehnten wurde die Tradition des Rationalismus, die den gemeinsamen Nenner der älteren Ansichten bildete und noch den Positivismus des 19. Jahrhunderts wesentlich beeinflußte, von einer stetig wachsenden Zahl von Forschern entweder noch weiter modifiziert oder rundweg

---

hang eine entscheidende Stelle aus d'Alemberts „Éloge de Montesquieu". Vgl. Bertolinis „Analyse raisonnée de l'Esprit des Lois", *ebenda*, S. 6, 14, 23 ff., 34 und 60 ff. Die Bemerkungen d'Alemberts, Bertolinis und Laboulayes sind lediglich Ausführungen dessen, was Montesquieu selbst andeutet, wenn er beispielsweise im Vorwort schreibt: „Sucht man den Plan des Verfassers, so wird man ihn nur im Plan des Werkes finden." (Vgl. das Ende des elften Buches und zwei Briefe von Helvétius, *ebenda*, Bd. 6, S. 314, 320). D'Alembert schreibt: „Wir sagen von der *Dunkelheit*, die man sich in einem solchen Werk erlauben darf, dasselbe wie vom *Mangel an Ordnung*. Was dem gewöhnlichen Leser dunkel erscheinen mag, ist es für jene, die der Autor im Blick hat, nicht; im übrigen ist gewollte Dunkelheit keine. M. de Montesquieu, der zuweilen bedeutende Wahrheiten auszusprechen hatte, deren uneingeschränkte und offene Äußerung unnötig hätte verletzen können, besaß die Klugheit, sie zu verhüllen; und hat sie durch diesen unschuldigen Kunstgriff vor jenen verschleiert, denen sie schädlich wären, ohne daß sie für die Weisen verloren gehen." Ebenso glaubten gewisse Zeitgenossen des „Rhetors" Xenophon, daß das, „was schön und methodisch geschrieben ist, nicht schön und methodisch geschrieben ist" (*Cynegeticus*, 13. 6).

abgelehnt. Die Frage, ob und inwiefern dieser Wandel als Fortschritt oder Niedergang zu beurteilen ist, kann nur der Philosoph beantworten.

Dem Historiker fällt eine bescheidenere Aufgabe zu. Er wird einzig und allein und zu Recht darauf bestehen, daß man trotz allen Wandels, der sich im intellektuellen Klima vollzogen hat und noch vollziehen wird, auch weiterhin an der Tradition der historischen Genauigkeit festhält. Dementsprechend wird er willkürliche Genauigkeitsstandards, die dazu geeignet sind, von vornherein die wesentlichsten Tatsachen der Vergangenheit von der menschlichen Erkenntnis auszuschließen, nicht gelten lassen, sondern wird Kriterien der Gewißheit anwenden, die seine Forschung zum Wesen ihres Gegenstands vordringen lassen. Deshalb wird er sich an folgende Regeln halten: Zwischen-den-Zeilen-Lesen ist immer dann strengstens untersagt, wenn es weniger genau wäre, als wenn man darauf verzichtete. Zwischen-den-Zeilen-Lesen ist nur dann gerechtfertigt, wenn ihm eine genaue Erörterung der expliziten Aussagen des Autors vorausgegangen ist. Man muß den Zusammenhang, in dem eine Aussage steht, und den literarischen Charakter als auch den Aufbau des gesamten Werkes vollkommen verstanden haben, ehe man begründeterweise behaupten kann, daß die Deutung einer Aussage angemessen oder gar zutreffend sei. Man ist weder berechtigt eine Stelle zu streichen, noch ihren Wortlaut zu verbessern, bevor man nicht jede sinnvolle Möglichkeit, die Stelle so zu verstehen, wie sie dasteht, sorgfältig geprüft hat,– wobei eine dieser Möglichkeiten darin besteht, daß die Stelle ironisch gemeint sein könnte. Wenn einem Meister der Kunst des Schreibens grobe Fehler unterlaufen, die einen gescheiten Oberschüler beschämen würden, kann man berechtigterweise davon ausgehen, daß sie vorsätzlich begangen wurden, insbesondere dann, wenn der Autor, wie beiläufig auch immer, von der Möglichkeit vorsätzlicher Schreibfehler spricht. Ohne vorherige Prüfung dürfen die Ansichten des Autors eines Dramas oder Dialogs weder mit den von einer oder mehreren Personen geäußerten Ansichten, noch mit denen, über die sich alle oder die sympathischsten Personen einig sind, gleichgesetzt werden. Die tatsächliche Meinung eines Autors ist nicht notwendigerweise mit dem identisch, was er an einer Vielzahl von Stellen äußert. Kurzum, Genauigkeit ist nicht zu verwechseln mit der Weigerung oder Unfähigkeit, anstatt der Bäume den Wald zu sehen. Ein Historiker, dem es tatsächlich um Genauigkeit geht, ist sich der Tatsache bewußt, daß es eine Sache ist, recht zu behalten, oder praktisch jeden davon zu überzeugen, daß man recht hat, und eine andere, das Denken der großen Autoren der Vergangenheit zu verstehen.

Es muß deshalb eingeräumt werden, daß Zwischen-den-Zeilen-Lesen nicht zu völliger Einigkeit zwischen allen Forschern führt. Wenn das einen Einwand gegen das Zwischen-den-Zeilen-Lesens als solches darstellt, so stellt die Tatsache, daß auch die gegenwärtig allgemein angewandten Methoden in entscheidenden Punkten nicht zu allgemeinem oder auch nur breitem Einverständnis geführt haben, einen ebenso zwingenden Einwand gegen letztere dar. Im vergangenen Jahrhundert neigte man dazu, literarische Probleme zu lösen, indem man auf die Genese des Werkes oder gar des Denkens des Autors zurückgriff. Widersprüche oder Abweichungen innerhalb eines Buches, oder zwischen zwei Büchern desselben Autors, bewertete man als Indiz dafür, daß sich sein Denken geändert hat. Wenn die Widersprüche ein bestimmtes Maß überschritten, erklärte man zuweilen ohne jeden äußeren Nachweis eines der Werke für unecht. In letzter Zeit ist dieses Verfahren zunehmend in Verruf geraten: Gegenwärtig verfahren viele Forscher konservativer mit der literarischen Tradition und lassen sich von bloß inneren Gründen weniger beeindrucken. Der Konflikt zwischen Traditionalisten und Vertretern der höheren Kritik ist jedoch keineswegs beigelegt. Die Traditionalisten konnten in bedeutenden Fällen nachweisen, daß die höhere Kritik ihre Hypothesen überhaupt nicht belegen kann; doch selbst wenn alle von der höheren Kritik vorgeschlagenen Antworten sich letztendlich als falsch erweisen sollten, die Fragen, die sie der Tradition abspenstig gemacht und dazu verleitet haben, eine andere Herangehensweise zu wählen, zeugen nicht selten von einem Bewußtsein für Probleme, die den Schlummer des typischen Traditionalisten nicht zu stören scheinen. Um auf die bedeutendsten dieser Fragen eine angemessene Antwort geben zu können, bedarf es wegen des typischen Charakters der damit verbundenen literarischen Probleme – Dunkelheiten im Aufbau, Widersprüche innerhalb eines Werkes oder zwischen zwei oder mehreren Werken desselben Autors, Auslassungen wichtiger argumentativer Zwischenschritte und dergleichen mehr – einer methodischen Reflexion der literarischen Techniken der großen Autoren der Vergangenheit. Solche Überlegungen überschreiten notwendigerweise die Grenzen der modernen Ästhetik und sogar die der traditionellen Poetik, und werden meines Erachtens die Gelehrten früher oder später nötigen, dem Phänomen der Verfolgung Rechnung zu tragen. Um etwas anzusprechen, das lediglich einen anderen Aspekt desselben Sachverhalts darstellt: Bisweilen bemerken wir, daß eine traditionelle, oberflächliche und doxographische Interpretation und eine klügere, eingehendere, monographische Interpretation ein und desselben großen Autors der Vergangenheit einander widersprechen. An Genauigkeit stehen sie sich in nichts nach, da beide auf expliziten Äußerungen des betreffenden Autors beruhen. Auf die Idee, daß die traditionelle Deutung die exoterische Lehre des Autors widergibt, während die monographische Interpretation auf halbem Weg zwischen exoterischer und esoterischer Lehre des Autors stehenbleibt, kommen heutzutage jedoch nur die wenigsten.

Die moderne historische Forschung, die zu einer Zeit entstand, als Verfolgung eher eine Angelegenheit verblassender Erinnerung als schmerzlicher Erfahrung war, hat einer älteren Neigung, zwischen den Zeilen der großen Autoren zu lesen oder deren zugrundeliegender Absicht größeres Gewicht beizumessen als den Ansichten, die sie am häufigsten wiederholt haben, entgegengewirkt, sie vielleicht sogar zerstört. Jeder Versuch, die frühere Vorgehensweise in diesem Zeitalter des Historismus wiederherzustellen, steht vor der Frage, nach welchen Kriterien zwischen berechtigtem und unberechtigtem Zwischen-den-Zeilen-Lesen unterschieden werden kann. Wenn es zutrifft, daß zwischen Verfolgung und Zwischen-den-Zeilen-Schreiben ein notwendiger Zusammenhang besteht, dann gibt es ein notwendiges negatives Kriterium: Das fragliche Buch muß in einer Epoche der Verfolgung verfaßt worden sein, das heißt zu einer Zeit, in der irgendeine politische oder andere Orthodoxie durch Gesetz oder Gewohnheit herrschte. Ein positives Kriterium ist dies: Wenn ein fähiger Schreiber, der einen klaren Verstand und eine perfekte Kenntnis der orthodoxen Ansichten und all ihrer Verästelungen hat, verstohlen, gleichsam im Vorbeigehen einer ihrer notwendigen Voraussetzungen oder Folgerungen widerspricht, die er überall sonst ausdrücklich anerkennt und verficht, darf man vermuten, daß er das orthodoxe System insgesamt ablehnt – wir müssen sein gesamtes Buch noch einmal ganz von vorn studieren, mit größerer Sorgfalt und weniger Naivität als zuvor. In manchen Fällen besitzen wir sogar eindeutige Belege, die beweisen, daß der Autor seine Ansichten über die wichtigsten Gegenstände nur zwischen den Zeilen angedeutet hat. Allerdings erfolgen solche Verlautbarungen in der Regel nicht im Vorwort oder an ähnlich exponierten Stellen. Manche von ihnen werden von uns nicht einmal bemerkt, geschweige denn verstanden werden, solange wir in der Betrachtungsweise der Verfolgung und der Haltung zu Redefreiheit und Freimütigkeit befangen bleiben, die sich während der letzten dreihundert Jahre durchgesetzt hat.

III

Der Terminus Verfolgung umfaßt eine Vielfalt von Phänomenen. Sie reicht von der unbarmherzigsten Form der Verfolgung, wie sie die Spanische Inquisition verkörpert, bis zur mildesten, der gesellschaftlichen Ächtung. Zwischen diesen Extremen sind jene Spielarten angesiedelt, die in literatur- oder geistesgeschichtlicher Hinsicht die größte Bedeutung haben. Beispiele finden sich im Athen des 5. und 4. Jahrhunderts v. Chr., in einigen islamischen Ländern des frühen Mittelalters, im Holland und England des 17. und im Frankreich und Deutschland des 18. Jahrhunderts – allesamt vergleichsweise liberale Epochen. Doch ein Blick auf die Biographien der Anaxagoras, Protagoras, Sokrates, Platon, Xenophon, Aristoteles, Avicenna, Averroes, Maimonides, Grotius, Descartes, Hobbes, Spinoza, Locke, Bayle, Wolff, Montesquieu,

Voltaire, Rousseau, Lessing und Kant,[12] zuweilen sogar ein Blick auf die Titelseite ihrer Bücher genügt, um sich davon zu überzeugen, daß sie zumindest während bestimmter Lebensabschnitte eine Form der Verfolgung erlebten oder erlitten, die handfester war als gesellschaftliche Ächtung. Wir dürfen auch nicht über die von keiner Autorität genügend betonte Tatsache hinwegsehen, daß religiöse Verfolgung und Verfolgung freier Forschung nicht dasselbe sind. Es gab Zeiten und Länder, in denen jegliche Form, oder zumindest eine große Vielfalt von Formen der Religionsausübung erlaubt war, freie Forschung jedoch nicht.[13]

Welche Haltung man in der Frage der Meinungsfreiheit einnimmt, hängt wesentlich davon ab, was man über Volksbildung und deren Grenzen denkt. Vormoderne Philosophen standen ihr in der Regel zurückhaltender gegenüber als moderne Philosophen. Seit Mitte des 17. Jahrhunderts veröffentlichten immer mehr heterodoxe Philosophen, die selbst unter Verfolgung gelitten hatten, ihre Bücher nicht nur, um ihre Gedanken mitzuteilen,

---

[12] Selbst ein so wenig zu Argwohn oder irgendeiner anderen Art von Zweifel neigender Historiker wie C. E. Vaughan bemerkt mit Blick auf Kant, dessen Fall eine Klasse für sich ist: „Man fühlt sich geradezu genötigt, Kant zu verdächtigen, er treibe mit den Lesern sein Spiel und hege insgeheim eine Zuneigung für die Revolution." (*Studies in the History of Political Philosophy*, Manchester, 1939, II, 83.)

[13] Vgl. das „Fragment" von H. S. Reimarus, „Von Duldung der Deisten" in Lessings *Werke*, a.a.O., XXII, 38 ff.

sondern auch, um zur Abschaffung der Verfolgung als solcher beizutragen. Sie glaubten, daß die Unterdrückung freier Forschung und der Veröffentlichung der Ergebnisse freier Forschung akzidentiell sei, lediglich die Folge einer falschen Einrichtung des Staatswesens, daß also das Reich allgemeiner Finsternis durch eine Republik des universellen Lichts ersetzt werden könne. Voller Erwartung sahen sie einer Zeit entgegen, in der aufgrund der Fortschritte der Volksbildung praktisch völlige Redefreiheit herrschen würde, oder – um der Deutlichkeit halber zu übertreiben – einer Zeit, in der es niemanden mehr geben würde, der sich von irgendeiner ihm zu Ohren kommenden Wahrheit verletzt fühlen könnte.[14] Sie verheimlichten ihre Ansichten nur so weit, wie sie sich vor Verfolgung zu schützen müssen meinten; wären sie subtiler gewesen, hätten sie ihren Vorsatz vereitelt, eine ständig wachsende Zahl von Menschen aufzuklären, die nicht potentielle Philosophen waren. Es ist deshalb recht einfach, zwischen den Zeilen ihrer Bücher zu lesen.[15] Die

---

[14] Die Frage, ob dieses äußerst weitgesteckte Ziel nur unter denkbar paradiesischen Zuständen erreicht werden kann, ist in unseren Tagen von Archibald MacLeish in „Post-War Writers and Pre-War Readers“, *Journal of Adult Education*, Bd. 12 (Juni 1940) so formuliert worden: „Vielleicht sollte sich jeder Schriftsteller, der nicht in den geordnetsten und gesetztesten Zeiten lebt, den Luxus des umfassenden Geständnisses, der äußersten Verzweiflung, des bohrendsten Zweifels verbieten. Ich weiß es nicht.“

[15] Ich denke in erster Linie an Hobbes, dessen Bedeutung für die oben beschriebene Entwicklung gar nicht hoch genug veranschlagt werden

Haltung des älteren Schriftstellertypus war eine grundsätzlich andere. Sie glaubten, daß die Kluft, die „den Weisen“ vom „gewöhnlichen Menschen“ trennt, eine Grundtatsache der menschlichen Natur sei, die von keinerlei Fortschritt der Volksbildung beeinflußt werden könne: Philosophie, oder Wissenschaft, war ihrem Wesen nach ein Privileg „Weniger“. Sie waren der Überzeugung, daß der Mehrheit der Menschen die Philosophie als solche verdächtig ist und von ihnen gehaßt wird.[16] Selbst wenn sie von keinem bestimmten politischen Lager etwas zu fürchten hatten, mußten die, die von einer solchen Prämisse ausgingen, zu dem Ergebnis

---

kann. Dies ist von Tönnies klar erkannt worden, der zwei Aussprüche seines Helden besonders hervorhob: „Paulatim eruditur vulgus“ und „Philosophia ut crescat libera esse debet nec metu nec pudore coercenda“. (Tönnies, *op. cit.*, S. iv, 195.) Hobbes sagt auch: „Die Unterdrückung einer Lehre vereint nur und erbittert, das heißt, vermehrt sowohl die Bosheit als auch die Macht derer, die bereits daran glaubten.“ (*English Works*, hrsg. von Molesworth, VI, 242.) In seinem Buch *Of Liberty and Necessity*, London 1654, 35 ff. schreibt er an den Marquis von Newcastle: „Ich muß gestehen, wenn wir den Großteil der Menschheit betrachten, nicht wie er sein soll, sondern wie er ist ... dann muß ich gestehen, daß der Disput über diese Frage dessen Frömmigkeit eher kränkt als bestärkt, und deshalb würde ich, wenn seine Lordschaft [Bischof Bramhall] diese Antwort nicht gewünscht hätte, sie nicht geschrieben haben, und schreibe sie nur in der Hoffnung, daß seine Lordschaft und Ihr sie für Euch behaltet.“

[16] Cicero, *Tusculanae Disputationes*, II, 4. Platon, *Phaidon*, 64 b; *Der Staat*, 520 b2-3 und 494 a4-10.

kommen, daß die öffentliche Verbreitung der philosophischen oder wissenschaftlichen Wahrheit nicht bloß vorerst, sondern für alle Zeiten weder möglich noch wünschenswert sei. Sie mußten ihre Ansichten allen – mit Ausnahme der Philosophen – verheimlichen, entweder indem sie sich auf die mündliche Unterweisung einer sorgfältig ausgewählten Gruppe von Schülern beschränkten, oder indem sie über den allerwichtigsten Gegenstand nur vermittels „kurzer Andeutungen" schrieben.[17]

Schriften sind naturgemäß jedem zugänglich, der lesen kann. Deshalb kann ein Philosoph, der sich für den zweiten Weg entscheidet, nur solche Meinungen kundtun, die der nicht philosophisch gesinnten Mehrheit zugemutet werden können: strenggenommen müssen alle seine Schriften exoterisch sein. Diese Meinungen würden nicht immer mit der Wahrheit in Einklang stehen. Als Philosoph, das heißt als jemand, der „die Lüge in der Seele" mehr als alles andere haßt, kann er sich nicht darüber hinwegtäuschen, daß solche Meinungen nichts anderes als „wahrscheinliche Märchen", „edle Lügen" oder „glaubhafte Meinungen" sind. Die Wahrheit von ihrer

---

[17] Platon, *Timaios*, 28 c3-5, und *Siebenter Brief*, 332 d6-7, 341 c4-e3, und 344 d4-e2. Den Beweis, daß oben erwähnte Ansichten mit demokratischen Überzeugungen zu vereinbaren sind, liefert Spinoza, der nicht nur ein Vorkämpfer des Liberalismus, sondern auch der Demokratie war (*Tractatus politicus*, XI, 2, hrsg. von Bruder). Siehe auch seinen *Tractatus de intellectus emendatione*, 14 und 17, sowie den *Tractatus theologico-politicus*, V 35-39, XIV 20 und XV Ende.

poetischen oder dialektischen Darstellung zu befreien, überläßt er seinen philosophischen Lesern, würde es doch seiner Absicht zuwiderlaufen, wenn er eindeutige Hinweise geben würde, welche seiner Aussagen edle Lügen sind, und welche die noch edlere Wahrheit aussprechen. Für philosophische Leser täte er fast schon zuviel, wenn er ihre Aufmerksamkeit auf die Tatsache lenken würde, daß er es nicht ablehnt, Lügen zu erzählen, die edel sind oder Märchen, die der Wahrheit bloß ähneln. Zumindest aus der Sicht des Literaturhistorikers gibt es keinen nennenswerteren Unterschied zwischen einem typisch vormodernen Philosophen (der kaum von einem vormodernen Dichter zu unterscheiden ist) und einem typisch modernen Philosophen als den zwischen ihren Einstellungen zu „edlen (oder wahren) Lügen", „frommem Betrug", dem „ductus obliquus"[18] oder der „Ökonomie der Wahrheit". Jeder anständige moderne Leser muß schockiert sein von der bloßen Andeutung, daß ein großer Mann die große Mehrheit seiner Leser vorsätzlich getäuscht haben könnte.[19] Und dennoch waren, wie ein liberaler Theologe einmal bemerkt hat,

---

[18] Sir Thomas More, *Utopia*, gegen Ende des ersten Buches.

[19] Eine recht ausführliche Erörterung der, wie Augustinus sie nannte, „magna quaestio, latebrosa tractatio, disputatio inter doctos alternans" findet man in Grotius' *De Jure Belli ac Pacis*, III, Kap. I, §7 ff., insbesondere §17, 3. Siehe auch *inter alia* Pascals neunte und zehnte *Provinciale* und Jeremy Taylor, *Ductor Dubitantium*, Buch III, Kap. 2, Regel 5.

diese Nachahmer des listenreichen Odysseus vielleicht nur aufrichtiger als wir, wenn sie „edel lügen“ nannten, was wir „auf seine gesellschaftliche Verantwortung Rücksicht nehmen“ nennen würden.

Ein exoterisches Buch enthält also zwei Lehren: eine populäre Lehre von erbaulichem Charakter, die im Vordergrund steht; und eine die allerwichtigste Frage betreffende philosophische Lehre, die nur zwischen den Zeilen angedeutet wird. Dies soll nicht in Abrede stellen, daß womöglich einige große Autoren bestimmte bedeutende Wahrheiten recht offen ausgesprochen haben, indem sie irgendeinen verrufenen Charakter als Sprachrohr benutzten: derart würden sie zeigen, wie sehr es ihnen mißfiel, die fragliche Wahrheit auszusprechen. Dies würde auch erklären, weshalb sich in den bedeutendsten Werken der Vergangenheit so viele interessante Teufel, Verrückte, Bettler, Sophisten, Betrunkene, Epikureer und Possenreißer finden. Eigentlich richten sich solche Bücher jedoch weder an die unphilosophische Mehrheit, noch an den vollendeten Philosophen, sondern an den jungen Mann, der Philosoph werden könnte. Denn potentielle Philosophen müssen Schritt für Schritt von den populären Ansichten, die in allen praktischen und politischen Belangen unverzichtbar sind, zur Wahrheit geführt werden, die rein theoretisch ist: angeleitet von bestimmten auffälligen rätselhaften Eigenheiten in der Darstellung der populären Lehre – Dunkelheit der Anordnung, Widersprüchlichkeiten, Pseudonyme, ungenaue

Wiederholungen früherer Aussagen, seltsame Ausdrücke, etc. Solche Eigenheiten sind nicht geeignet, diejenigen aus ihrem Schlummer zu reißen, die den Wald vor lauter Bäumen nicht sehen; denen aber, die es können, dienen sie als erweckende Stolpersteine. Alle Bücher dieser Art verdanken sich der Liebe des reifen Philosophen für die jungen Hunde[20] seiner Rasse, von denen er seinerseits geliebt werden möchte: Alle exoterischen Bücher sind „geschriebene Reden der Liebe".

Exoterische Literatur setzt voraus, daß es elementare Wahrheiten gibt, die kein ehrenwerter Mensch öffentlich ausspricht, weil sie viele verletzen würden, die als Verletzte natürlicherweise dazu neigen werden, wiederum den zu verletzen, der die unangenehmen Wahrheiten ausgesprochen hat. Sie setzt, mit anderen Worten, voraus, daß die Freiheit zu forschen und die Ergebnisse dieser Forschung zu veröffentlichen, kein garantiertes Grundrecht ist. Folglich steht diese Literatur ihrem Wesen nach mit einer Gesellschaft in Beziehung, die nicht liberal ist. Deshalb kann man sehr wohl die Frage stellen, welchen Nutzen sie in einer wahrhaft liberalen Gesellschaft hat. Die Antwort ist einfach. In Platons Gastmahl vergleicht Alkibiades – der freimütige Sohn des freimütigen Athen – Sokrates und seine Reden mit gewissen Skulpturen, die von außen betrachtet sehr häßlich sind,

---

[20] Vergleiche Platon, *Der Staat*, 539 a5-d1, mit *Verteidigung des Sokrates*, 23 c2-8.

in deren Innern sich jedoch die schönsten Götterbilder verbergen. Die Werke der großen Schriftsteller der Vergangenheit sind selbst von außen sehr schön. Und dennoch ist ihre sichtbare Schönheit schiere Häßlichkeit, verglichen mit der Schönheit jener verborgenen Schätze, die sich nur nach sehr langer, nie leichter, jedoch immer angenehmer Arbeit offenbaren. Diese immer schwierige, doch immer angenehme Arbeit ist meines Erachtens das, was die Philosophen im Sinn hatten, wenn sie zu Bildung rieten. Bildung sei, wie sie glaubten, die einzige Antwort auf die von jeher dringliche Frage, die politische Frage par excellence, wie Ordnung, die keine Unterdrückung ist, und Freiheit, die keine Zügellosigkeit ist, in Einklang gebracht werden können.

Alexandre Kojève

Kaiser Julian und seine Kunst des Schreibens

> *... da man ja über das Unaussprechliche nicht sprechen soll.*
>
> Julian (218 a)

> *Wovon man nicht sprechen kann, darüber muß man schweigen.*
>
> Wittgenstein (Tractatus, 7)

> *Wenn du am Käfig eines Elefanten die Aufschrift „Büffel" siehst, traue deinen Augen nicht.*
>
> Kozma Prutkov

In einem zu Recht bemerkten, da in der Tat bemerkenswerten Buch über die *Kunst des Schreibens* hat uns Leo Strauss etwas in Erinnerung gerufen, was seit dem 19. Jahrhundert nur allzu leicht vergessen wird – daß nicht alles, was die großen Autoren von einst geschrieben haben, *wörtlich* genommen werden darf, noch daß man glauben darf, sie hätten in ihren Schriften alles, was sie darin sagen wollten, tatsächlich auch immer *offen gelegt*.

Die alte Kunst, die Leo Strauss wiederentdeckt hat, bestand in der Praxis darin, ungefähr das Gegenteil von dem zu schreiben, was man denkt, um zu verschleiern, was man sagen will. Diese literarische Camouflage hatte zwei klar zu unterscheidende Ziele, die sich jedoch miteinander verbinden konnten. Zum einen konnte es ratsam erscheinen, das Denken zu verschleiern, um jener in Verfolgung und Hetze sich äußernden Intoleranz zu entgehen, die notwendigerweise ebensosehr dem zu Recht nicht hinterfragten Wissen wie der zu Unrecht nicht hinterfragten Meinung entspringt. Zum andern konnte die literarische Camouflage zur Heranbildung einer Elite dienen: Hier waren die Schriften dazu bestimmt, die kleine Schar der Auserwählten, welche die verschleierte, ihre Vorurteile erschütternde Lehre zu erfassen vermochten, an ebendiese heranzuführen, zugleich sollten sie aber auch die möglichen Durchschnittsleser in ihrer „traditionellen", mitunter „belehrt" genannten und stets für „heilsam" befundenen Unwissenheit bestätigen. In diesem Fall verfolgte die Camouflage, indem sie den Scharfsinn des auserwählten Lesers schulte, zusätzlich ein pädagogisches Ziel. *Last but not least* war diese Kunst des Schreibens aber auch eine Kunst des Spielens, und sei es nur die eines Spiels mit sich selbst, bei dem der Autor die wohlbekannte „ironische" Haltung einnahm, die auf Französisch in der Wendung: *A bon entendeur – salut!* zum Ausdruck kommt.

Wie dem auch sei, die in Rede stehende Kunst des Schreibens verlangt als notwendige Ergänzung eine Kunst des Zwischen-den-Zeilen-Lesens, die seit geraumer Zeit stark vernachlässigt wird, die aber Leo Strauss in und durch seine Schriften zu unser aller Wohl wieder zu Ehren gebracht hat. Deshalb schien es mir den Versuch wert, ihm zu Ehren nun meinerseits in den Schriften eines ihm würdigen Autors zwischen den Zeilen zu lesen – handelt es sich bei diesem doch nicht nur um einen antiken Philosophen, sondern auch um einen leibhaftigen, wenngleich wirkungslosen, da seiner Zeit hinterherhinkenden (oder vorauseilenden?) Kaiser.

Die philosophischen Schriften Kaiser Julians sind von hohem Interesse, und zwar in doppelter Hinsicht. Zum einen, weil der Autor in ihnen ausdrücklich von jener „Kunst der Schreibens" spricht, von der Leo Strauss – offenbar ohne jedoch die Einlassungen seines berühmten Vorgängers hierzu gekannt zu haben – erst unlängst in fast identischen Worten erneut gesprochen hat. Zum andern, weil das Schicksal dieser Schriften zeigt, daß ein Autor über diese Kunst offen sprechen kann, ohne darauf verzichten zu müssen, sie mit großem Erfolg auszuüben.

*

Die *Trostrede*, die Julian anläßlich des Weggangs seines Freundes Sallustius (Frühjahr 358) an sich selbst richtet, geht seinen sogenannten philosophischen Schriften voraus. Es heißt dort unter anderem: „Ich muß jetzt *allein* zurückbleiben und auf unsere *aufrichtige* Unterhaltung und auf unsere *freimütige* Aussprache verzichten. Denn bis jetzt weiß ich *niemanden*, mit dem ich mich so *ungescheut* unterhalten könnte. Ist es mir [aufgrund deines Weggangs] denn nun aber auch erschwert, mich *mit mir selbst* zu unterhalten? Kann man mir etwa auch meine *Gedanken* nehmen und mich noch obendrein zwingen, anderes zu *denken* und zu *bewundern* als das, was ich will? (...) Da uns also niemand diese Möglichkeit [alles, was man will, zu *denken*, ja zu *sagen*] rauben kann, so werden wir [d.h. Julian] *uns* wohl irgendwie *selbst* Gesellschaft leisten können" (248 d – 249 a).[1] Uns wird also im Vorhinein mitgeteilt, daß Julian – ohne deswegen seine Ansichten zu ändern – in Zukunft ebenfalls diese alte Kunst des Schreibens ausüben wird, deren Ziel es ist, die Gedanken zu verschleiern. Julian warnt Sallustius, wie auch die übrigen Leser, die imstande sind, ihn à demi mot zu verstehen, daß er fortan nicht alles schreiben wird, was er denkt, und daß er nicht denken wird, was er geschrieben haben wird. Er erinnert kurz vor seinem Tod erneut an diesen Sachverhalt, wenn er demselben Sallustius seine ironische *Rede auf den König Helios* (Dezember 362) widmet, in der er die Theologie im allgemeinen (die heidnische ebenso wie die christliche) und die sogenannte neuplatonische „Mystik" im besonderen in verhüllter Form verspottet.

In der *Rede gegen die ungebildeten Hunde* (in der Julian vorgibt, allein die Neukyniker seiner Zeit zu kritisie-

---

[1] *Kaiser Julians Philosophische Werke*, übers. und erkl. von Rudolf Asmus, Leipzig 1908. Es wird nach dieser Ausgabe zitiert.

ren, tatsächlich aber auch die Mönche angreift und sie darüber hinaus Antisthenes und Diogenes gegenüberstellt, die er bewundert) heißt es beiläufig: „Ich aber will mich über die Götter (...) lieber in ein andächtiges *Schweigen* hüllen“ (187 c). Einige Monate zuvor hatte sich der Kaiser in seiner *Rede auf die Göttermutter* freilich in allen Einzelheiten über zahlreiche heidnische Gottheiten ausgelassen (wobei er sich stellenweise von Lukians *Syrischer Göttin* anregen läßt!) und auch einige Monate später, in der *Rede auf den König Helios* (die eine bewußte Parodie der Schriften Jamblichs ist!), hat er sich in dieser Hinsicht keinen Zwang auferlegt. Was kann das aber anderes heißen, als daß er nicht wirklich dachte, was er in diesen beiden *Reden* über die Götter äußerte, und daß er darüber, was er in Wahrheit über sie dachte, Stillschweigen bewahrte? Es scheint ihn indes nichts daran gehindert zu haben, in ihnen seine eigenen theologischen Vorstellungen, wie auch immer sie geartet gewesen sein mögen, offen darzulegen (vorausgesetzt er hatte auf dem Gebiet der heidnischen Theologie überhaupt welche). Im übrigen gibt es keinen Grund anzunehmen, er habe, da er auch nach seiner Apostasie im Grunde seines Herzens Christ geblieben sei, nicht offen gesagt, was er über die heidnischen Götter dachte. Wir müssen also davon ausgehen, daß Julian durch seinen Hinweis, er verschweige seine wirklichen Gedanken über die Götter, sagen wollte, daß es für ihn in Wirklichkeit gar keine gibt. Dieser radikale, aber zugleich „verschwiegene“ bzw. verschleierte Atheismus zeigt sich im übrigen auch daran, daß der Kaiser in seinen beiden vorgeblich religiösen und „mystischen“ *Reden* die Themen der damaligen heidnischen Theologie (die nach Julian in die der christlichen Theologie übersetzbar sind) nur insofern anspricht, als diese sich durch einen besonders unangemessenen und lächerlichen Charakter auszeichnen, den der Autor nichtsdestoweniger durch eine gewisse Akzentsetzung diskret hervorzuheben sich bemüht.

Nachdem wir festgestellt haben, daß der Philosoph Julian, sowie er Kaiser wird, aufhört zu sagen, was er denkt, und sogar aufhört, alles zu denken, was er sagt, müssen wir uns die Frage nach dem Grund dieser Camouflage stellen. In seiner *Rede gegen den Kyniker Heraklios* („Heraklios“ steht übrigens nicht nur für einen neukynischen „Philosophen“, sondern auch für einen Bischof bzw. einen christlichen Theologen) erinnert der Kaiser daran, daß zu allen Zeiten Redner und Schriftsteller mit philosophischen Neigungen ihre Gedanken aus Angst vor Repressalien verschleierten: „Wenn nämlich ein Redner *aus Angst vor dem Haß seiner Zuhörer* sich scheut, seine Sache *offen* herauszusagen, so geht er darauf aus, seine Ermahnungen und Lehren unter irgend einer Hülle zu *verbergen*. So machte es augenscheinlich auch Hesiod“ (207 a-b). Mag sein. Vor wem oder was aber sollte ein römischer Kaiser sich fürchten? Sicherlich nicht vor der Verfolgung durch das untergehende Heidentum seiner Zeit. Dagegen dürfte sich Julian im Klaren gewesen sein, daß es in jener Zeit unmöglich war, die heidnischen Götter von ihrem Thron zu stürzen, ohne an ihrer Stelle die christliche Gottheit, deren Anhänger den gottlosen Kaiser wesentlich effektiver als die Anhänger des Heidentum hätten verfolgen können, zu inthronisieren.[2] Letztendlich wäre also die Furcht vor dem Haß seiner christlichen Zuhörer der Grund dafür, daß der Kaiser das Christentum bekämpfte und der Philosoph seine atheistischen Angriffe auf die heidnische Theologie verschleierte. Da er sich dabei überaus kunstvoll der platonischen Ironie bediente, ist es nicht verwunderlich, daß diese Schriften nur von der per Definition mit ihm verschworenen bzw. ungefährlichen philosophischen Elite verstanden werden konnten.

Man darf nichtsdestotrotz davon ausgehen, daß Julian nicht allein aus Furcht vor der christlichen Unduldsamkeit das Heidentum im Römischen Reich wiederherzustellen

---

[2] So hat Julian bei der folgenden Invektive, die er angeblich an den „Kyniker Heraklios" richtet, offensichtlich die Krummstäbe der Bischöfe und nicht die Stöcke der „Philosophen" im Blick: „Was hat es ferner für einen Wert, daß ihr überall herumzieht und die Maultiere und, wie ich höre, auch die Maultiertreiber belästigt, welche einen größeren Schrecken vor Euch haben als vor den Soldaten? Denn, wie ich höre, macht Ihr von Euren Stöcken einen grausameren Gebrauch als jene von ihren Schwertern. Daher ist es kein Wunder, daß Ihr ihnen auch mehr Furcht einflößt" (224, a). Bei dieser Gelegenheit wäre zu erwähnen, daß ein Dekret Julians den kostenlosen Transport von Kirchenmännern durch die Dienste der kaiserlichen Post untersagte.

versuchte. Er hatte dafür noch etliche andere Gründe, deren wichtigster sicher die Staatsraison war. Und tatsächlich verschleiert der Kaiser hauptsächlich aus Gründen der Staatsraison den Atheismus des Philosophen. Julian gibt uns dies im übrigen selbst zu wiederholten Malen zu verstehen, etwa wenn er sagt: „Wenn wir die göttlichen Dinge zum Gegenstand einer Dichtung wählen, so müssen die Worte nichts an der nötigen Würde fehlen lassen und der Ausdruck möglichst maßvoll, richtig und den Göttern angemessen sein, und es darf dabei nichts Schimpfliches, Lästerliches oder Irrgläubiges mit unterlaufen, *damit wir nicht die große Menge zu einer derartigen Frechheit anleiten*" (218 c-d). In diesem Sinn muß sicher auch die Tatsache interpretiert werden, daß Julian, nachdem er in süffisantem Ton von dem lächerlichen „Wunder" berichtet hat, das sich nach der Ankunft des Bildes der Großen Göttin ereignet haben soll, folgendes anfügt: „Wenn nun auch diese Geschichte manchem unglaublich vorkommen und für einen *Philosophen* oder Theologen ganz unpassend scheinen wird, so wollte ich sie hier nichtsdestoweniger erzählt haben, da sie ja von sehr vielen *Geschichtsschreibern* übereinstimmend aufgezeichnet und zudem noch auf ehernen Standbildern in der allmächtigen und göttergläubigen *Stadt* Rom verewigt worden ist. Gleichwohl bin ich mir nicht im unklaren darüber, daß manche von den *Überweisen* [d.h. von den Intellektuellen ohne politische oder administrative Verantwortung] sie für unerträgliche Altweiberpossen erklären werden. Allein ich bin der Ansicht, man müsse sich für *derartige* Erzählungen mehr auf das *Zeugnis der Städte* als auf die Kritik dieser *feinen Köpfe* verlassen, deren Seelchen zwar wohl einen scharfen Blick besitzt, aber doch nirgends etwas *Gesundes* [d.h. *Überlebensfähiges*] sieht" (161, a-b).[3]

Als Intellektueller ließ sich Julian weder vom „Zeugnis der Städte", noch von der „Übereinstimmung zwischen vielen Geschichtsschreibern" im Hinblick auf die angeblichen Wunder hinters Licht führen, im Gegenteil, es bereitete ihm großes Vergnügen, über sie seinen Spott ausgießen zu können. Als Philosoph glaubte er indes nicht, das Reich, das ihm zufiel, zurückweisen zu dürfen; und als Kaiser bemühte er sich, aus Gründen der Staatsraison das Heidentum wiederherzustellen. So ist es auch diese Staatsraison und nicht die Furcht vor persönlichen

---

[3] Julian widerspricht als Römischer Kaiser wiederholt den „reinen" Intellektuellen, die sich dem politischen Handeln entziehen und sich dennoch erlauben, den Staatsmännern Ratschläge zu erteilen. Er tut dies insbesondere in seinem überaus ironischen *Brief an den Philosophen Themistius*, in dem er den Stil der zeitgenössischen „Sophisten" parodiert und, wenngleich noch in verschleierter Form, die Ratschläge, die dem neuen Kaiser von seinem ehemaligen Meister in Philosophie erteilt werden, mit grausamem Spott überzieht (was Eunapius in seinem *Leben der Sophisten*, in dem er Julian mit Blumen überhäuft, unerwähnt ließ). Siehe dazu insbes. 263 b-267 b. Man könnte bei dieser Gelegenheit auch Fragment III zitieren; Julian sagt hier: „Mit Eifer die Interessen des *Staates* zu verteidigen, ... ist ein Zeichen *philosophischer* Geisteshaltung."

Unannehmlichkeiten, die Julian veranlaßte, in seinen Schriften seinen philosophischen Atheismus, wie auch den Spott des atheistischen bzw. „skeptischen“ Intellektuellen, der er war, zu verschleiern.[4]

Hätte Julian nur Kaiser sein wollen, hätte er auf diese kurzweiligen Scherze wohl vollständig verzichten können und müssen. Da er aber Philosoph geblieben war, konnte er die philosophische Pädagogik nicht einfach aufgeben: Daher versuchte er, indem er sich mit seinen Schriften nur an ausgewählte Erwachsene wandte, sicherzustellen, daß die Weitergabe dessen, was für ihn die (diskursive) Wahrheit war, keinen Abbruch erfuhr. Die *verschleierten* Anzüglichkeiten, die das gemeine Volk nicht versteht, erlauben es nun aber gerade, die wirklich klugen Geister ausfindig zu machen, d.h. jene, die den Spott verstehen, ohne an ihm Anstoß zu nehmen, und die gerade dadurch zeigen, daß sie ihren Vorurteilen nicht in dem Maße unterworfen sind, daß sie nicht mehr in der Lage sind, eine – für sie vielleicht vorteilhafte – philosophische Belehrung anzunehmen, die ihnen – aus dem doppelten Grund der Erwählung und des Geheimnisses – überdies ebenfalls nur zwischen den Zeilen erteilt wird.

---

[4] Vgl. die Stelle im *Brief an einen Priester*: „Denn diese Götterbilder, diese Altäre, (...) haben unsere *Väter* geschaffen (...) Man darf ihr [der Gottheit] nicht die Ehre versagen, die durch *Handlungen* bezeigt wird; denn diese Ehre haben nicht drei und auch nicht dreitausend Jahre *zum Gesetz erhoben*, sondern der ganze Zeitraum vordem bei allen Völkern der Erde.“ (293 a, 294 a)

Nichts anderes sagt uns Julian bisweilen selbst. So spricht er in seiner *Rede auf den König Helios* (wo „Helios" sowohl die heidnische Gottheit ist, die der Autor als Kaiser verehrt, die er als Intellektueller jedoch verspottet, als auch das Symbol des Nus, auf den er sich als Philosoph beruft) explizit von seiner pädagogischen Berufung: „Möge mir aber der gewaltige[5] Helios [hier: die Vernunft] vergönnen, ebenso[6] zur Erkenntnis seines

---

[5] Im allgemeinen ist das traditionelle Epitheton *gewaltig* bei Julian ironisch zu verstehen (vgl. etwa den wiederholten Gebrauch dieses Ausdrucks in der *Rede an die Göttermutter*, insbes. 166 a). In der zitierten Passage ist der Sinn jedoch doppeldeutig: ironisch, wenn es sich um den Gott Helios handelt, ernsthaft, wenn „Helios" die Vernunft (*Nus*) bezeichnet. Die Passagen mit doppeltem, ja dreifachem Sinn sind nicht selten bei Julian; vgl. etwa: 130 c; 159 c; 169 d; 172 d; 174 c-d; 222 b-c; 239 b-c.

[6] *Ebenso*, d.h. dem Kontext entsprechend: so wie Jamblichos. In der zitierten Passage (wie überall sonst in seinen Schriften) verspottet Julian den Neuplatonismus im allgemeinen und Jamblichos im besonderen. Der ironische Charakter des Kontexts sollte uns jedoch nicht davon abhalten, den darin zum Ausdruck kommenden pädagogischen Willen des Autors ernst zu nehmen. Einige Zeilen weiter oben macht Julian überaus deutlich auf den *ironischen* Charakter seiner *Rede* aufmerksam (die im übrigen nie gehalten und nur Sallustius und vielleicht einigen anderen befreundeten Philosophen zugeschickt wurde): „Ich wagte auch, mein lieber Sallustius, Dir meine gegenwärtigen Gedanken schriftlich mitzuteilen, weil Dir auch meine frühere Schrift auf das *Kronosfest* (*Kronia*) nicht gänzlich wertlos zu sein schien" (157, c). Nun wissen wir aber, daß die fragliche (im übrigen fast vollständig verlorene) Schrift unverkennbar eine *Satire* war! Dennoch sagte Julian dort: „Wir haben die Vorschriften des berühmten Hierophanten Jamblichos befolgt (...)".

Wesens zu gelangen und alle insgesamt, ganz besonders aber *diejenigen, die es kennen zu lernen verdienen*, darüber zu *belehren*“ (158 d). Der Appell an die philosophische Elite und der Ausschluß der Menge der „Nichteingeweihten“ ist hier fast nicht zu bemerken. An anderer Stelle drückt sich der Autor jedoch „ungescheuter“ aus, wie zum Beispiel in der *Rede gegen Heraklios*, wo es heißt: „Denn man darf eben nicht *alles sagen*, und selbst von dem, was man [einer Elite] sagen *darf*, muß man meines Erachtens *der großen Menge manches verschweigen*“ (239 a-b). Kunstfertigkeit ist hier alles: Dieselbe Verschleierung, die dazu dient, den Laien den wahren Sinn dessen zu verbergen, was man sagt, muß die Aufmerksamkeit der Auserwählten auf sich ziehen und sie zur philosophischen Reflexion anregen. Und genau das ist es, was uns Julian in seiner *Rede auf die große Göttermutter* sagt: „Die Alten suchten stets die Gründe der Dinge; (...) und wenn sie sie dann gefunden hatten, *hüllten* sie das Resultat *zum Schutze* in seltsame Mythen, damit wir [selbst] durch die *Seltsamkeit* und das *Widersprechende* [dessen, was man uns sagt] *die Erdichtung entdecken* und dadurch *zum Aufsuchen der Wahrheit* [die man uns verbirgt oder nur halb anzeigt] *angeregt* werden sollten. Denn sie glaubten wohl, den Laien genüge schon die *unverstandene* und bloß durch [generell seltsame und widersprüchliche] *Symbole* vermittelte [religiöse] Förderung, während dagegen *den mit einer hervorragenden Einsicht Begabten* die Wahrheit über die Götter [die für Julian darin besteht, daß es sie nicht gibt, es sei denn, das „Göttliche" würde als reines *Symbol* des Nus oder der menschlichen Vernunft verstanden] nur unter der Bedingung förderlich sein könne, wenn sie sie [einerseits] unter der Führung der Götter [das heißt hier: der Vernunft, wenn nicht der Philosophie] [selbst] *erforschten*, *fänden* und *erfaßten*, da sie ja *durch die rätselhaften Andeutungen* daran erinnert würden, daß man dabei etwas zu *suchen* habe, und wenn sie dann [andererseits] auf dem Wege der Betrachtung von Fund zu Fund bis zum Ziel und gleichsam zum Gipfelpunkt der ganzen Frage fortschritten, ohne sich dabei voll gläubiger Verehrung [für die Vernunft oder die Philosophie] mehr auf *eine fremde Meinung* als auf ihre *eigene Denktätigkeit* zu verlassen" (170 a-c).

Als guter „Sokratiker" wollte der Pädagoge Julian keine fertigen „Dogmen" lehren, sondern zur philosophischen *Suche* nach der Wahrheit einladen – und zwar all jene, aber auch *nur* jene, die sich dazu als fähig erwiesen. Deshalb wollte der Philosoph Julian seine persönliche Doktrin nur in Form einer *Kritik* von Gemeinplätzen [unter anderem neuplatonischen] vermitteln, wobei diese Kritik „ironisch" und damit absichtlich dem Verständnis all jener entzogen war, die sie nicht verstehen sollten.[7] Aber

[7] Wenn es auch relativ einfach ist, Julians kritische Ironie nachzuweisen, so ist es uns beim gegenwärtigen Stand unserer Kenntnisse doch fast unmöglich, seine „positive" philosophische Lehre klar dar-

zulegen. Es kann als sicher angesehen werden, daß Julian den ganzen sogenannten „mystischen" Inhalt des von Plotin und Porphyrius begründeten Neuplatonismus verwarf (vgl. etwa die Parodie 143 c-144 c), wobei der „göttliche" Jamblichos sein Buhmann war (vgl. namentlich: 146 a-b und 157 c-d; die ganze *Rede auf den König Helios* ist im übrigen nur eine Parodie auf Jamblichos). Auch scheint er die von ihm als zu „metaphysisch" befundene Platonische Ideenlehre verworfen und sich der von Aristoteles vorgebrachten Kritik angeschlossen zu haben (vgl. u.a.: 146 a-b, wo das ironische Epitheton *gewaltig* mit Platons Namen in Verbindung gebracht wird; 152 b-d, wo die Ironie besonders offensichtlich ist; 162 d-165 b, wo sich eine „ironische" Kritik der Ideenlehre findet). Und letztendlich dürfte er auch Yenarchos in der Kritik gefolgt sein, die dieser gegen den aristotelischen Begriff des Äthers vorbrachte, den er selbst (stets „ironisch") als Restbestand der „theologischen Metaphysik" betrachtet (vgl. 162 a-d). Auch sonst hat er sich wiederholt über die „eklektischen" Tendenzen der Philosophie seiner Zeit und ganz besonders des Neuplatonismus spöttisch geäußert (vgl. etwa188 c und 162 c *in fine*). Und doch sind es nur einige vage und seltene Anspielungen, auf Grund deren man auf Julians Nähe zu einem Positivismus, ja zu einem von Demokrit *via* Epikur sich herleitenden „atheistischen Materialismus" schließen könnte (vgl. etwa 162 a: „Wir nehmen [mit Aristoteles] einen Stoff an, aber auch eine Stofform [*sic*]. Ist jedoch diesen [im Anschluß an Platon, Aristoteles und die Neuplatoniker] keine ihnen vorausgehende Ursache übergeordnet, so tragen wir *unversehens* die Ansicht Epikurs vor."). Wirklich gesichert wäre diese hypothetische Interpretation, wäre der Autor der kleinen Abhandlung *Über die Götter und die Welt* der Sallustius, der Julians Freund war. Denn das Credo dieses Autors (das man in aller Deutlichkeit in Kap. XVII ausgedrückt findet, wogegen die anderen Kapitel „ironisch" sind) ist eindeutig „demokritisch" und atheistisch. Es ist jedoch möglich, daß der fragliche (Sallustius) nur eines der Pseudonyme von Damascius ist (alias „Marinus", der angebliche Autor der sogenannten „Biographie" des Proclus, die in Wirklichkeit ein ebenso „ironisches" wie obgleich der Philosophen-Kaiser seine Gedanken nicht nur aus Furcht oder aus Gründen der Staatsraison verschleierte, sondern auch im Hinblick auf eine philosophische Pädagogik, scheint doch auch jene (im übrigen reichlich eitle) „Scham“ mit im Spiel gewesen zu sein, die häufig die „Eingeweihten“ hindert, ihre „Mysterien“ den „Nichteingeweihten“ zu offenbaren – vielleicht weil sie selbst nicht sicher sind, sie allen wirklich überzeugend beweisen zu können. Jedenfalls lesen wir in der *Rede gegen Heraklios*: „Diejenigen jedoch, welche die göttliche Eigenart des Dionysos [der hier zugleich der heidnische Gott und Jesus Christus ist] erforschen wollten, kleideten den wahren Sachverhalt in das Gewand eines *Mythus*, wobei sie in *rätselhaften* Ausdrücken von der „Substanz“ des Gottes [das heißt auch des Christus Logos] und seinem Wohnen bei seinem mit ihm „schwangeren“ Vater in der „intelligiblen Welt“ und von seiner „Zeugung“, die

---

wildes Pamphlet ist). Im übrigen scheint Damascius, selbst notorischer „Materialist“ und Atheist, die Schriften Julians gut gekannt und ihn in seiner eigenen *Vita Isidori* nachgeahmt zu haben, die in Wirklichkeit nur eine Persiflage des Neuplatonismus ist (deren angeblicher „Diadoche Isidor“ übrigens niemals wirklich existiert hat!). – Was das Antichristentum Julians angeht, so ist es allgemein bekannt, da öffentlich eingestanden. Vielleicht wurde aber nicht hinreichend herausgestellt, daß der Philosoph auf dem Kaiserthron „Nietzscheaner“ oder „Hegelianer“ avant la lettre war, insofern er vor allem dem Juden-Christentum vorwarf, eine „Sklavenreligion“ zu sein (vgl. 185 c-196 c; 199 c; 207 d-208 a; 213 b; 238 c-d; vgl. auch *Fragment VII*: „Sie [die christlichen Soldaten waren feige und] konnten nur beten.“)

keine Zeugung war, in der Welt (...) im All und allem übrigen sprachen, was der Untersuchung würdig wäre. Allein hierüber kann ich mich freilich nicht gut äußern, vielleicht schon deshalb, weil ich mir selbst noch *nicht recht klar* darüber bin, vielleicht aber auch deswegen, weil ich *keine Lust* habe, den zugleich verborgenen und sichtbaren Gott [indem gezeigt wird, daß es ihn ganz einfach nicht gibt] *wie im Theater* vor *ungeprüften* Ohren und Seelen bloßzustellen, die allem mehr zugewandt sind als der Philosophie" (221 c-d). Dieselbe „schamhafte" Haltung zeigt sich auch zu Beginn der *Rede auf die Göttermutter*, wo Julian sagt: "Darf man sich denn auch über diese Dinge *äußern*, und werden wir auch über das *Unaussprechliche schreiben* und Sachen, die nicht *hinaus*getragen werden sollten und *Geheimnisse*, die nicht ausgeplaudert werden sollten, ausplaudern?" (159 c; vgl. auch die ironische Doppeldeutigkeit von 172 d, wo Julian abermals den Neuplatonismus und auch Platon selbst der Lächerlichkeit preisgibt.)

Gewiß. Aber es darf auch nicht vergessen werden, daß es in der ironischen *Kunst des Schreibens* von Kaiser Julian einen gehörigen Anteil an intellektuellem Spiel und philosophischem Amüsement gibt, und daß er hierin einer echt platonischen Tradition folgte. Nach dem Vorbild des großen Platon machte der Philosoph Julian nicht selten Scherze, und zwar insbesondere über Dinge, die den normalen Leser bisweilen zutiefst erschüttern, denen er aber stets eine tief empfundene Ernsthaftigkeit beimißt. Aber ganz wie Platon machte sich Julian über diese Dinge zwar lustig, achtete zugleich aber darauf, bei den „Uneingeweihten“ nicht Anstoß zu erregen. Daneben bemühte er sich jedoch immer, die Schar der Auserwählten zur philosophischen Anstrengung anzuregen, die genau insofern philosophisch ist, als sie die, die dazu befähigt sind, von den Vorurteilen „des Theaters“ und des „Forums“ befreit und sie zur (diskursiven) Weisheit, ja zu einer ihrer selbst vollkommen *bewußten Selbstzufriedenheit* führt.[8]

---

[8] Was den platonischen Ursprung der „Ironie“ Julians angeht, so ist die folgende („ironische“) Passage der *Rede gegen Heraklios* besonders aufschlußreich: „Er [Platon im *Timaios*] verlangt nämlich, man solle all dem Glauben schenken, was die Dichter über die Götter sagen, und keine Beweise dafür verlangen. Ich habe diese Stelle [*Timaios*, 49, die Julian offensichtlich für ironisch hält, obwohl er gewußt haben muß, daß eben diese Stelle vom Autor der *Epinomis* wörtlich und ernst genommen wurde] aber bloß deswegen hier angeführt, damit Du [„Heraklios“, der hier das Symbol des christlichen Theologen ist] Dich nicht nach der Art vieler Platoniker auf die *ironische* Art des Sokrates berufst, um Platons Meinung zu entkräften. Denn diese Worte spricht dort nicht Sokrates, sondern *der ganz und gar nicht ironische* Timaios. [Dies zeigt, nebenbei gesagt, daß Julian die pseudowissenschaftlichen *Mythen*, die Platon „Timaios“ spaßeshalber in den Mund legt, um sich über ihn lustig zu machen (wobei er vielleicht auf Eudoxos oder den jungen Aristoteles abzielt, der von letzterem so sehr beeindruckt und beeinflußt wurde, daß er mit der Philosophie, die an der Akademie gelehrt wurde, brach), in keinster Weise ernst nimmt]. Ist es doch auch gar nicht vernünftig, anstatt dasjenige zu prüfen, *was* gesagt wird, zu fragen, *wer* es sagt, und *an wen* es gerichtet ist. [Eine „ironische“ Stelle, die zeigt, daß Julian sehr wohl

*

Man könnte viele Beispiele für die von Julian geübte *Kunst des Schreibens* anführen. Aus Platzgründen werde

---

wußte, daß nur wer sich diese beiden letzten Fragen stellt, Platons Dialoge richtig auslegen kann.] Soll ich dir jetzt noch die allwissende Sirene, das Abbild des Redegottes Hermes und den Freund des Apollo und der Musen [nämlich Aristoteles] anführen? Dieser meint, man solle denjenigen, welche fragen, ob es Götter gibt, oder überhaupt hierüber eine [kritische] Untersuchung anstellen, nicht wie Menschen eine Antwort geben, sondern wie Tieren eine Züchtigung erteilen" (237, b-c). Offensichtlich hatte Julian keine besonders hohe Meinung von Leuten, die die Dinge allzu ernst nehmen, insbesondere auf dem Gebiet der Religion oder der Wissenschaft, aber auch auf dem der Politik und der Staatsraison. Mehrmals zollte er den Philosophen der Vergangenheit, die zu scherzen wußten, seine Anerkennung, wobei er Demokrit (!) neben Platon an ihre Spitze setzte. Sagt er nicht selbst in seiner *Rede gegen die ungebildeten Hunde* (womit er nicht die Neukyniker, sondern die christlichen Mönche meint): „Die vielgenannten *Tragödien* des Diogenes sollen ja von einem gewissen Philiskos aus Aigina stammen, und selbst, wenn sie von Diogenes herrühren würden, wäre es ja gar nicht so auffallend, daß der Weise darin *scherzt* [*sic*], da bekanntlich viele Philosophen [unter ihnen gewiß Platon] sich auch hiermit abgegeben haben. Pflegte doch auch Demokritos (!), wie erzählt wird, angesichts des *ernsthaften* Gebarens seiner [nicht philosophischen] Mitmenschen zu *lachen*" (186, b). Dieselbe Einstellung gegenüber dem philosophischen Scherz begegnet auch 201 a-c; 222 b-c [eine „ironische" Stelle mit doppelter Bedeutung]; 148 b; sowie zu Beginn der satirischen Schrift *Cäsaren*, wo sich Julian explizit auf Platon beruft und von „*ernsthaften* Scherzen" spricht und (ironisch) von sich selbst sagt: "Die Natur hat es mir nicht in die Wiege gelegt, Leute durch *Spott* und *Parodie* zum *Lachen zu bringen*."

ich mich mit einem einzigen begnügen, das mir im übrigen besonders überzeugend erscheint.

Es handelt sich darum, was Julian denkt und sagt, wenn er in seinen philosophischen Schriften – im allgemeinen und im besonderen – von *Mythen* spricht.

Julian spricht in allen seinen philosophisch geprägten Exkursen von „Mythen". Seine *Rede gegen Heraklios* ist jedoch vollständig dem Problem des Mythos im allgemeinen und der theologischen „Mythen" (der heidnischen ebenso wie der christlichen) im besonderen gewidmet (vgl. 205 b-c).

Der Philosophen-Kaiser formuliert dort explizit seinen Standpunkt, seine Analyse beginnt wie folgt: „Den Ausgangspunkt, von welchem die *Erfindung* des Mythus ausging, und die *Person* desjenigen, welcher zuerst den Versuch machte, zum *Nutzen* oder zur *Unterhaltung* seiner Zuhörer *unwahre* Geschichten in *glaubhafter* Form darzustellen, kann man wohl ebensowenig ausfindig machen, als wenn man nach demjenigen forschen wollte, der zum erstenmal niesen oder sich räuspern mußte" (205 c).

Indem Julian den Mythos als eine *unwahre* Geschichte definiert, die jedoch auf eine *glaubhafte* Weise erzählt wird, verkehrt er die traditionelle Definition, die implizit oder explizit von allen Theologen, einschließlich den Stoikern, geteilt wird, ganz offensichtlich und bewußt in ihr genaues Gegenteil. Für die Stoiker sind die Mythen (oder zumindest gewisse Mythen) *wahre*

Geschichten, die sich jedoch in einer *unglaubhaften*, das heißt „unwahrscheinlichen" oder zumindest „unverständlichen" Form präsentieren. Die Aufgabe des (heidnischen bzw. christlichen) Theologen besteht daher darin, einen Mythos so „auszulegen", daß die *Wahrheit*, die der Mythos (diskursiv) *offenbart*, in einer „wahrscheinlichen" und „verständlichen (um nicht zu sagen „vernünftigen" oder „rationalen") Rede zum Ausdruck kommt. Die *Wahrheit* des Mythos ist im übrigen definiert als eine „Adäquation" zwischen dem, was der Mythos sagt, und dem, wovon der spricht. So soll die *Wahrheit* des Mythos die (diskursive) *Offenbarung* einer *Wirklichkeit* sein. Genauer: Es ist nicht der Mythos, der eine „Wirklichkeit" offenbart, es ist die „Wirklichkeit", im allgemeinen die „göttliche", die sich selbst in und durch den Mythos offenbart. Mithin ist der theologische Mythos die „unglaubhafte" diskursive Form einer *göttlichen Offenbarung*, die offenbart, was *ist* oder *wirklich existiert* - „außerhalb" der diskursiven Offenbarung und unabhängig von seiner „mythischen" oder gar „unglaubhaften" Form. Von daher die Möglichkeit, den Mythos „auszulegen" und dabei seine (diskursive) Form zu „rationalisieren", ohne deswegen die „Wahrheit" seines (ebenfalls diskursiven) Inhalts zu verändern.

Nichts dergleichen wäre jedoch möglich, wären die Mythen tatsächlich das, was Julian behauptet: nämlich *unwahre* Geschichten. Denn wenn der Mythos tatsächlich eine *unwahre* Geschichte ist, *existiert* das, wovon er spricht, nicht und kann sich infolgedessen durch diesen Mythos auch nicht *offenbaren*. Auch sind die Mythen dann keine *göttlichen Offenbarungen*, sondern *menschliche Erfindungen*. Das ist jedoch genau das, was uns Julian in der zitierten Passage sagt.

Aber wie soll man herausfinden, daß eine erzählte Geschichte unwahr ist? Und wie kann man behaupten, daß *alle* Mythen unwahr sind?

Julian hält sich hier offenbar an das der Rede selbst *immanente* Wahrheitskriterium: den Satz vom Widerspruch. Indem er wie alle Welt (a priori) annimmt, daß eine Rede, die sich selbst widerspricht, keiner „Wirklichkeit" entsprechen kann, die ihr „äußerlich" wäre, *definiert* er den Mythos als eine in sich widersprüchliche Erzählung und schließt (analytisch) daraus, daß alle Mythen „unwahr" sind, zumindest in dem Sinn, daß keiner von ihnen irgendetwas Wirklichem entspricht.

Nun sind aber nach Julian alle *theologischen* Reden in sich notwendigerweise widersprüchlich und somit „mythisch" oder „unwahr". Das scheint er uns zumindest (in einer Weise, die vielleicht absichtlich dunkel ist) sagen zu wollen, wenn er (nachdem er daran erinnert hat, daß man die „Geheimnisse" [= philosophischen Wahrheiten] nicht den „Nichteingeweihten" [= Nicht-Philosophen] ausplaudern sollte (217 d – 218 a)) folgendes schreibt: „Was jedoch das angeht, was jeder von uns [Philosophen] ungestraft sagen und anhören darf, so [steht fest, daß] jede gesprochene Rede aus [wörtlichem] AUSDRUCK und SINN besteht. Da nun auch der Mythus eine Art der Rede ist, so wird er wohl (!) ebenfalls aus diesen beiden Elementen zusammengesetzt sein. Wir wollen nun jedes von ihnen einzeln betrachten. In jeder Rede ist ein *einfacher* SINN enthalten; er kann jedoch auch in einer *künstlichen* Form vorgebracht werden (...) Das Eine nun ist *einfach* (...) Das *künstlich* Ausgestaltete aber enthält viele Verschiedenheiten in sich, welche Dir, wenn Du Dich der *Rhetorik* befleißigt hast, ja nicht ganz unbekannt sein werden (...) Allein ich habe ja, wenigstens jetzt, weder über die Mehrzahl noch über die Gesamtheit der [*künstlichen*] Formen zu sprechen, sondern lediglich über zwei von ihnen, nämlich über das, was dem Sinne nach *würdig*, und das, was dem Sinne nach *widersprechend* ist. Ganz dasselbe gilt aber auch von dem AUSDRUCK [dem sprachlichen, der ebenfalls *würdig* oder *widersprüchlich* sein kann] (...) Was nun aber diese *beiden* Elemente anlangt [nämlich den SINN und den AUSDRUCK], so müssen, wenn wir die *göttlichen* Dinge zum Gegenstand einer *Dichtung* wählen, die WORTE [das heißt der AUSDRUCK] nichts an der nötigen *Würde* fehlen lassen ... Darum darf bei derartigen AUSDRÜCKEN nichts *Widersprechendes* vorkommen [d.h. wenn von *göttlichen* Dingen die Rede ist] ... Das *Widersprechende* des Sinnes jedoch muß man da, wo es einen *nützlichen* Zweck verfolgt, gelten lassen, da in diesem Fall [wenn es sich um Erbauung handelt] die Leute [die man erbauen will] ja wohl nicht auf eine *Erinnerung* von *außen* angewiesen sind [die sich auf eine „Wirklichkeit" bezieht], sondern schon von dem *bloßen* [diskursiven] *Inhalt des Mythos* [selbst] belehrt [oder erbaut] werden (...)" (218 a – 219 a).

Eine bemerkenswerte Passage. Aber richten wir unser Augenmerk zunächst darauf, daß die theologischen Mythen durch den *widersprüchlichen* Charakter nicht ihres wörtlichen Ausdrucks (der „würdig" sein soll), sondern ihres Sinns charakterisiert werden. In und durch seinen SINN widerspricht sich der theologische Mythos selbst. Der „mythische" und im übrigen *künstliche* AUSDRUCK kann diesen Widerspruch, indem er ihm ein „würdiges" und „stimmiges", ja „glaubhaftes" Aussehen verleiht, allenfalls *verschleiern* (zumindest in den Augen der „großen Menge"; vgl. 218 d). Genau genommen haben *alle* Mythen einen widersprüchlichen SINN, da sie sich *per Definition* widersprechen: Was in sich nicht widersprüchlich ist, ist kein Mythos im eigentlichen Sinn. Ein einzelner widersprüchlicher SINN kann jedoch zwei unterschiedliche AUSDRUCKSFORMEN haben: die eine läßt den Widerspruch explizit erscheinen, während die andere ihn (ohne ihn zu beseitigen) verbirgt, so daß er nur implizit ist. Es ist also zu unterscheiden zwischen Mythen, die ihren „widersprüchlichen" Sinn *offen* zeigen, und solchen, die ihren „Widerspruch" *verbergen*, indem sie sich durch scheinbar „würdige" und „stimmige" Reden ausdrücken, oder zumindest behaupten, solche zu sein.

Wir werden sogleich sehen, daß das Erzählen von unwahren Geschichten, das deren „widersprüchlichen" Charakter nicht zu verschleiern sucht, um sie als wahr durchgehen zu lassen, die Besonderheit der Dichtung ist. Wir haben andererseits gesehen, daß es nach Julian unumgänglich ist (zumindest wenn man „erbauen" will), durch einen (scheinbar) stimmigen wörtlichen Ausdruck den implizit widersprüchlichen Sinn der Dichtungen, die *göttliche* Dinge zum Gegenstand haben, zu verbergen. Wir verstehen sehr gut, warum dem so ist. Der *widersprüchliche* Sinn kann ja per Definition keiner „Wirklichkeit" entsprechen. Gerade durch den wörtlichen Ausdruck zu zeigen, daß eine Geschichte „widersprüchlich" ist, heißt daher, sie offen als *Fiktion* zu präsentieren. Und genau das tun die Dichter, wenn sie ihre Geschichten erzählen. Demgegenüber erheben die Theologen den Anspruch, von wirklichen Gottheiten zu sprechen. Sie sind somit gezwungen, die Widersprüche, die dem Sinn der von ihnen erzählten Geschichten innewohnen, verbal zu verschleiern. Daher sind es die Theologen, die Mythen in der eigentlichen Bedeutung des Wortes, nämlich „*unwahre* [da widersprüchliche] Geschichten in einer *glaubhaften* [da scheinbar stimmigen] Form" (205 c) produzieren. Die Kunst jedoch, eine scheinbar stimmige wörtliche Form für einen (unwahren) Sinn zu finden, der nicht *einfach* oder *einzig* ist (der „widersprüchliche" Sinn ist nun einmal *zwiefach*), ist Teil der Rhetorik. Infolgedessen ist die Theologie ein Zweig der Rhetorik, d.h. es gilt für sie, (scheinbar) stimmige wörtliche Ausdrucksformen für den widersprüchlichen Sinn von Dichtungen zu finden, die *göttliche* Dinge zum Gegenstand haben.

Wie auch immer es um die Beziehung zwischen Theologie, Dichtung und Rhetorik bestellt sein mag, Julian sagt uns klar und deutlich, daß ihm zufolge *alle* Mythen *unwahre* Geschichten sind. Und wir wissen jetzt, daß diese Geschichten unwahr sind, weil ihr *Sinn widersprüchlich* ist, egal in welche *wörtliche Form* sie sich kleiden.

Durch die seltsame Gleichsetzung der Erfindung der Mythen durch die Menschen mit dem Niesen und Räuspern gibt uns Julian zu verstehen, daß es Mythen immer gab und, so lange die Welt von Menschen bewohnt wird, immer geben wird. Man kann sich daher die Frage stellen, warum die Menschen überall und immerzu unwahre Geschichten erfinden, die sie mitunter für wahr halten. Julian gibt auf diese Frage selbst eine Antwort, indem er erklärt, daß die Menschen Mythen erfinden, um den Zuhörern *nützlich* zu sein oder um sie zu *unterhalten* (vgl. 205 c).

Die *Unterhaltung* fällt in den Bereich der Dichtung. Denn einerseits gibt es keine Dichtung ohne Mythos und andererseits dienen die *dichterischen* Mythen nur dazu zu unterhalten. Das geht jedenfalls aus der folgenden Passage hervor: „Archilochos [der sich im Anschluß an Hesiod der Mythen bediente, um seine Gedanken zu verbergen] war sich zudem aber auch klar bewußt, daß die Dichtkunst, wenn man ihr alles Mythische nimmt, zur bloßen Versedrechselei und sozusagen ihres eigentümlichen Charakters beraubt wird, da ja dann nichts Dichterisches mehr an ihr bleibt. Deshalb pflückte er sich im Garten der dichterischen Muse diese süßen Würzkräuter und setzte ihre Würze seinen Erzeugnissen eben deswegen zu, damit man ihn nicht für eine Art von Sillographen, sondern für einen wirklichen Dichter halten solle." (207 b-c)

Die Menschen erfinden unwahre Geschichten aus Freude am Dichterischen und sie werden es immer tun, weil sie niemals den Wunsch verspüren werden, auf diese Unterhaltung zu verzichten. Es wird auf der Welt immer unwahre Geschichten geben, weil es immer Dichter oder Menschen, die es nach Dichtung verlangt, geben wird.

Aber die Dichter unterhalten sich und erfreuen die anderen, ohne sich um den *Wahrheitsgehalt* der Geschichten zu kümmern, die sie zu ihrem Vergnügen erzählen. Es stört sie nicht, daß diese Geschichten „seltsam" oder „widersprechend" sind, da sie sie ja selbst – mit dem einzigen Ziel zu *unterhalten* – als *Fiktionen* präsentieren. Die Theologen dagegen verachten die unterhaltenden Vergnügungen und erheben den Anspruch, den Menschen *nützlich* zu sein. Daher müssen sie die Geschichten, die sie selbst erzählen, als *wahr* ausgeben. Verwenden sie jedoch die von den Dichtern erfundenen

„unwahren Geschichten", sind sie gezwungen, ihnen eine *glaubhafte* Form zu geben, indem sie „das Seltsame und Widersprechende" ihres Sinns möglichst geschickt verbergen. Genau diese Erfindung „unwahrer Geschichten in *glaubhafter Form*" ist es, die Julian mit dem Niesen und Räuspern vergleicht. Ihm zufolge wird es immer und überall, ja „notwendigerweise" nicht nur *dichterische* Mythen, d.h. „unwahre" Geschichten, die sich als solche oder als „Fiktionen" präsentieren, geben, sondern auch Mythen im eigentlichen Wortsinn, nämlich *theologische* Geschichten, die, obwohl faktisch ebenfalls „unwahr", nichtsdestoweniger beanspruchen, den Menschen *nützlich* zu sein, und zwar genau in dem Maße, wie sie von ihnen *geglaubt* werden.

Auch hier muß die Frage gestellt werden, warum dem so ist. Wie kommt es, daß es, zumindest laut Julian, immer und überall unwahre Geschichten gibt und geben wird, die eine *glaubhafte* Form haben?

Halten wir zunächst fest, daß Julian die theologischen Mythen nur deswegen *glaubhaft* nennt, weil, wie er feststellt, die Leute in ihrer großen Mehrheit tatsächlich an sie *glauben*. Denn wir haben gesehen, daß für ihn selbst der Sinn *aller* Mythen unwahr (da widersprüchlich) ist, so daß der Eindruck von Wahrheit, den ihre wörtlichen Formen mitunter vermitteln können, notwendigerweise ein Köder ist. Im übrigen ist seiner Überzeugung nach gerade dieser Anschein von Wahrheit bei der Mehrzahl der theologischen Mythen überaus relativ und er gibt in seinen Schriften mit Vorliebe ganz besonders absurde Geschichten wieder, wobei er ihren grotesken Charakter noch absichtlich betont. Dabei weiß er jedoch, daß der Glaube, den die meisten Leute in diese Mythen setzen, so groß ist, daß sogar seine spöttischen Übertreibungen kaum jemanden davon abhalten werden, sie ernst zu nehmen oder zumindest zu glauben, er selbst nehme sie ernst.

Da Julian sich im Klaren war, daß im Bereich der Theologie die Menschen fest an vollkommen „unglaubhafte" Dinge glauben, mußte er sich die Frage stellen, warum sie dies tun.

Auf den ersten Blick ist die (im übrigen indirekte) Antwort, die er auf diese Frage gibt, wenig befriedigend, wenngleich es die in der antiken Philosophie übliche ist. Sie besteht darin zu erklären, daß die Leute aus „Naivität", ja aus Mangel an Einsicht an Mythen glauben, oder genauer, weil sie das „Seltsame und Widersprechende" dessen, was diese Mythen erzählen, nicht bemerken (vgl. etwa die bereits oben zitierte Passage 170 a-c, wo Julian den „Nichteingeweihten", die an die theologischen Mythen glauben, indem sie sie wörtlich nehmen, „die mit einer hervorragenden Einsicht Begabten" gegenüberstellt, die das Fiktive dieser Mythen erkennen, indem sie „ihre Seltsamkeit und ihr Widersprechendes" feststellen). Eine weitaus tiefgründigere Antwort (eine hegelianische avant la lettre) verbirgt sich womöglich in einer eigenartigen Passage der *Trostrede*, in der Julian über Alexander spricht und dabei folgendes sagt: „Man erzählt nämlich, auch Alexander habe sich einen Homer gewünscht, nicht zu seiner Gesellschaft, sondern zur Verkündigung seines Ruhms (...). Allein dieser Mann [Alexander] hatte nie ein Auge *für die Gegenwart* und war nie zufrieden mit dem, was *ihm in seiner Zeit* vergönnt war, und begnügte sich nicht mit den ihm [tatsächlich] verliehenen Glücksgütern. Wenn ihm selbst ein Homer zuteil geworden wäre, dann hätte er sich wohl nach *Apollos* Leier gesehnt, mit welcher jener die Hochzeit des Peleus besang. Denn diese [Apollon betreffenden] Geschichten hielt er nicht für ein bloßes *Gebilde* des homerischen *Dichter*geistes, sondern für etwas *Wirkliches*, das Homer in seine Dichtung verwob" (250 d – 251 a).

Anders gesagt: Ein Dichter erfindet (um zu unterhalten) eine unwahre Geschichte, die er selbst als Fiktion präsentiert; in den Augen eines anderen kann dieselbe Geschichte jedoch als „glaubhaft" erscheinen, so daß er sie, auch wenn sie „seltsam und widersprüchlich" ist, für wahr – im Sinn von konform mit einer Wirklichkeit – hält. Da es sich hier jedoch um Alexander handelt, kann nicht von „Naivität" oder einem Mangel an Einsicht die Rede sein. Julian führt daher einen ganz anderen Grund an: ein Verlangen nach *Ruhm* (oder nach „Anerkennung" im Hegelschen Wortsinn), das durch das Ansehen, das man zu Lebzeiten erlangt hat, nicht gestillt wird. Da Julian von Alexander und Homer spricht, will er uns zweifellos sagen, daß das Verlangen nach Ruhm oder nach „Anerkennung", das die Menschen dazu bewegt, dichterische Fiktionen in theologische Mythen zu verwandeln, die sie als *wahr* ansehen, so stark ist, daß es durch keine auf dieser Welt vollbrachte Tat, noch durch irgendwelche dafür erhaltenen Lobreden zufriedengestellt werden kann. Im übrigen betont Julian mit Nachdruck, daß nichts, was sich *in der Zeit* ereignet, Alexander zufriedenstellen könnte. Und das heißt nichts anderes, als daß die Menschen an die Wahrheit der theologischen Mythen glauben, weil sie durch sie die Hoffnung auf *ewigen* Ruhm oder gar auf ein Überleben in und durch die „Anerkennung" seitens *unsterblicher* oder *göttlicher* Wesen aufrechterhalten können. Kurzum, die Menschen glauben an die Götter, weil sie selbst *unsterblich* sein wollen.

Julian hätte es dabei bewenden lassen können, wenn die Mythen nur von Dichtern (die sich den Fiktionen zu ihrem Vergnügen und zur Unterhaltung widmen) oder von religiösen Menschen (die der Wirklichkeit entfliehen, weil sie sie nicht zufriedenstellt) erzählt würden. Aber er wußte, daß man auch in den Schriften der Philosophen, einschließlich der größten, auf Mythen stößt. Nun ist einerseits die Philosophie für Julian noch etwas anderes als Spielerei oder Unterhaltung. Andererseits paßt es nicht zu einem Philosophen, den Tod derart zu fürchten, daß er falsche und im übrigen „seltsame und widersprüchliche“ Geschichten für tiefe Wahrheiten hält.[9] Schließlich sind „Naivität“ oder gar Dummheit in seinen

---

[9] Nachdem Julian auf diese Weise die *religiöse* Haltung analysiert hat, die er (allein für seine Bedürfnisse) Alexander zuschreibt, stellt er ihr seine eigene (atheistische) *philosophische* Haltung gegenüber, wobei er sich wie folgt äußert: „Wir jedoch [wir, der Kaiser Julian, aber auch wir, die anderen Philosophen], *die wir uns immer mit dem, was wir gerade haben, begnügen* und gar nicht nach dem *Fernliegenden* [„Transzendentalen“] trachten, wir freuen uns allerdings, wenn unser [menschliche] Herold uns lobt (...)“ (251 c). In diesem Text scheint der Philosoph als treuer Schüler Epikurs zu sprechen. Aber an anderen Stellen ähnlichen Inhalts spricht der Kaiser eher als „Stoiker“. So etwa in seiner *Rede auf den König Helios*, am Ende eines „persönlichen Gebets“, das er an „Helios“ richtet (dieses „ironische“ Gebet ist im übrigen doppeldeutig), wo er folgendes sagt: „Möge er [d.h. „Helios“, der hier die heidnische Gottheit ist, die Julian protegiert, ohne an sie zu glauben] also alles das, worum ich soeben [156, c-157, a] [„ironisch“] gebeten [wobei er tatsächlich die neuplatonischen Hymnen parodierte], gewähren und fernerhin dem ganzen [römischen] *Staate* gnädig einen ewigen Bestand schenken und bewahren [worum der Kaiser jetzt „ernst“ bittet, indem er sich dieses Mal an den als *Nus* oder als menschliche philosophische Vernunft verstandenen „Helios“ wendet, den Julian als Philosoph verehrt, wenngleich er über ihn in seinen Schriften nur in verhüllter Form spricht] *soweit dies möglich ist*, uns aber [dieses *uns* bedeutet hier erneut zugleich: „wir, Kaiser Julian“ und „wir, die anderen Philosophen“] möge „Helios“ [d.h. *Nus*] so lange in menschlichen und göttlichen Dingen Erfolg vergönnen [d.h. auch, nach der wohlbekannten stoischen Definition der Philosophie: in unseren philosophischen Forschungen], *so lange* er uns [auf Erden] zu leben gestattet; zu *leben* und *im Leben* uns den Aufgaben des *Staates* zu widmen, möge er uns aber so lange erlauben, als es ihm lieb, für uns gut und für das ganze Römerreich zuträglich ist“ (157, b). Julian greift eben dieses Thema eine Seite

Augen nicht gerade typisch für die Anhänger der Philosophie. Julian mußte somit eine andere Erklärung für das Vorhandensein philosophischer Mythen im allgemeinen und ganz besonders für die Anwesenheit derartiger Mythen in seinen eigenen Schriften finden (etwa 227 b-234 c).

Diese Erklärung kennen wir bereits. Zum einen haben die Philosophen einigen ihrer Lehren aus *Angst* vor der „großen Menge", mit deren (gemeinhin theologischen) Vorurteilen sie sich nicht vertrugen, die Form von Mythen gegeben: sei es aus physischer Angst vor einer mitunter tödlichen Gefahr (vgl. etwa 207 a), sei es aus „morali-

---

später wieder auf, in der (erneut doppeldeutigen, zugleich „ironischen" und „ernsten") Passage, mit der die ganze *Rede* endet und die wie folgt übersetzt werden kann: „Zum dritten bitte ich daher den Allkönig „Helios" [„ironisch", wenn man den Gott anruft, „ernsthaft", wenn es sich um die menschliche Vernunft handelt], er möge mir seine Gnade verleihen, ein gutes *Leben*, einen vollkommenen *Sinn* und einen göttlichen *Geist* [*Nus*] schenken, mir das vom *Schicksal* (*heimarmene*) [notwendigerweise] bestimmte *Scheiden vom Leben* zur rechten Zeit möglichst sanft gestalten und mir darnach gestatten, zu ihm empor zu eilen und bei ihm zu bleiben, und zwar *womöglich* für immer [was Julian nicht wirklich glaubt]; sollte dies jedoch [wie Julian selbst vermutet] im Vergleich zu meinen Verdiensten *im Leben* ein zu weit gehender [religiöser] Wunsch sein, doch wenigstens [aber wohlgemerkt „par impossible"] recht viele und vieljährige [*Zeit*-]Perioden lang" (158, b-c). Halten wir schließlich fest, daß diese letzte Passage fast wörtlich im letzten (ebenfalls zugleich „ironischen" und „ernsthaften", obgleich keineswegs „tragischen") Kapitel der bereits erwähnten kleinen Schrift begegnet, die traditionell einem gewissen „Sallustius" zugeschrieben wird.

scher“ Angst, d.h. aus jener intellektuellen Scham, die verhindert, jedem Beliebigen von gewissen Dingen zu sprechen, an denen man ganz besonders hängt, insbesondere wenn diese Dinge das Gewissen unschuldiger Seelen ohne Not beunruhigen können (vgl. etwa 239 a-b). Zum andern wurden die Mythen von den Philosophen häufig aus Gründen einer philosophischen Pädagogik erzählt, deren Ziel es war, die für die Philosophie besonders empfänglichen Hörer oder Leser in Weisheit zu üben, ohne jedoch die andern zu erschrecken (vgl. etwa 170 a-c).

Im übrigen gaben die Philosophen theologische Mythen mitunter nur deshalb wieder, um sie insgeheim ins Lächerliche zu ziehen und um all denen (aber auch nur denen), die fähig sind, à demi-mot zu verstehen und zwischen den Zeilen zu lesen, unaufdringlich ihre Nichtigkeit vor Augen zu führen.

Was aber auch immer der Grund für philosophische Mythen sein mag, ein Philosoph, der seines Namens würdig ist, erzählt, zumindest nach Julian, einen Mythos nur, damit *er nicht geglaubt* oder zumindest nicht wörtlich oder allzu ernst genommen wird. Und tatsächlich verfolgt der *Philosoph* Julian, wenn er in seinen per Definition allein für die „Eingeweihten“ bestimmten philosophischen Schriften Mythen erzählt, genau diese Absicht.

Wir wissen indes, daß der *Kaiser* Julian sich gegenüber den heidnischen theologischen Mythen ganz anders verhielt. Auch wenn er sie nicht selbst dem Volk erzählte, ermutigte er doch andere dazu, dies zu tun, und er tat alles in seiner Macht Stehende (d.h. in Wirklichkeit sehr wenig), damit diese Mythen der großen Mehrheit der Menschen, die er regierte, aufs neue *glaubhaft* erschienen. Als Philosoph mußte Julian daher über sein Verhalten als Kaiser Rechenschaft ablegen, oder, wenn man so will, dieses Verhalten „rechtfertigen". Und genau einer solchen „Rechtfertigung" des Kaisers durch den Philosophen ist die *Rede gegen Heraklios* gewidmet.

In dieser *Rede* stellt sich Julian die Frage, „wie und woraus man die Mythen bilden soll, wenn überhaupt auch die Philosophie der Mythendichtung irgendwie bedarf?" (205 b)

Um diese Frage zu beantworten, fragt sich Julian zunächst, welcher Zweig der Philosophie der Mythen, d.h., erinnern wir uns, „*unwahrer* Geschichten in *glaubhafter* Form", wohl bedarf. Und er beantwortet sie wie folgt: „Von diesen verschiedenen Zweigen [der Philosophie, also (nach der Dreiteilung der Stoiker): Logik, Physik und Ethik] ist es nun weder die Logik, wofür sich die Mythendichtung eignet, noch die zur Physik gehörende Mathematik, sondern wenn sie überhaupt für einen davon paßt, so ist es die praktische Philosophie [die Ethik], und zwar der Teil derselben, der sich mit dem *einzelnen* Menschen [d.h. mit dem persönlichen Verhalten der Individuen und nicht mit dem Staat als solchem] befaßt, und ferner noch der von den Weihen und von der Mystik handelnde Teil der Theologie" (216 b-c).

Nun hatte sich Julian auf der Seite, die dieser Passage vorangeht, die stoische Unterteilung in nur *drei* Teile ausdrücklich zu eigen gemacht. Anders gesagt, im Anschluß an die Stoiker zählt er die Theologie zur Physik. Freilich kann die Physik für ihn (wie vielleicht bereits für Platon und sicher für Kant, sowie wahrscheinlich für gewisse „Demokritianer", wenn nicht für Demokrit selbst) nur insofern *wahr* sein, als sie *mathematisch* ist, während der ganze nicht-mathematische Rest der Physik für ihn (wie für Platon im *Timaios*) nur ein Haufen „Mythen" ist, d.h. *unwahre* Geschichten, präsentiert in mehr oder weniger „glaubhafter" Form; ganz besonders, wenn diese Geschichten beanspruchen, sich auf eine „transzendente" oder göttliche Welt zu beziehen. Genau weil man - aus dem einfachen Grund, daß es sie überhaupt nicht gibt - über diese Welt nichts *Wahres* sagen kann, ist man ja gezwungen, sowie man über sie sprechen will, auf Mythen zurückzugreifen. Julian gibt uns auf den Seiten, die der zitierten Passage folgen, zu verstehen, daß die Verwendung von Mythen durch einen Philosophen sich nur in der Ethik rechtfertigen läßt. Und er präzisiert, daß es sich nicht um die Ethik in ihrer Gesamtheit handelt, sondern nur um den Teil, der sich an die *Individuen* richtet. Anders gesagt, wenn ein Philosoph als *Theoretiker* des Staates, der Gesellschaft oder gar des Menschen „im allgemeinen" oder als solchen spricht, muß er „ernsthaft" sprechen und versuchen, die *Wahrheit* zu sagen, und folglich jede Art von Mythen vermeiden. „*Unwahre* Geschichten in glaubhafter Form" erzählen oder von anderen erzählen lassen, um sie als *wahr* durchgehen zu lassen, kann ein Philosoph nur dann, wenn er als *Päda*-goge oder als *Dema*-goge handeln will, d.h. wenn es sein Ziel ist, die Individuen in einer Weise zu erziehen, daß ihr gemeinschaftliches Leben die Form eines überlebensfähigen und seines Namens würdigen Staates annehmen kann, so wie es etwa der Römische Staat vor seinem Niedergang war.

Nachdem er uns dies zu verstehen gegeben hat, hält es der Philosophen-Kaiser für notwendig und möglich, sein Denken noch weiter zu präzisieren und nunmehr in aller Deutlichkeit zu sagen, daß Mythen, sogar erbauliche, immer nur denen erzählt werden dürfen, die nicht in der Lage sind, die Wahrheit zu verstehen oder anzunehmen. Julian sagt in der Tat: „Wer aber seine Erzählungen zum Zweck der *Sittenverbesserung* dichtet und dabei [theologische] *Mythen* beizieht, der soll sich damit nicht an *Männer* [Erwachsene], sondern an solche wenden, die entweder den *Jahren* oder dem *Verstande* nach noch *Kinder* sind und überhaupt solche Erzählungen noch *nötig* haben" (223 a). Und er fügt etwas weiter hinzu: „Da man die Mythen *nur Kindern* vortragen sollte, die entweder ihrem Verstande oder den *Jahren* nach noch auf dieser Stufe stehen, so muß man sorgfältig darauf achten [wenn man theologische Mythen vorträgt, damit an sie geglaubt wird], daß man sich dabei weder gegen die Götter noch gegen die Menschen verfehlt" (226 c-d).

Als guter Philosoph, der er war, hielt sich Julian indes selbst für vollkommen „erwachsen". Und obwohl er uns im Anschluß an alle seine philosophischen Vorgänger zu verstehen gibt, daß die Mehrzahl der „Nichteingeweihten" nur „Kinder" sind, ist er doch bereit, in die kleine Schar von (in der starken Bedeutung des Wortes) „Erwachsenen" an seiner Seite alle authentischen Philosophen, sowie die Staatsmänner, die dieses Namens wirklich würdig sind, aufzunehmen. Das sagt er im übrigen explizit in der folgenden Passage (die an die erste der beiden zuletzt zitierten Passagen anschließt): „Wenn Du [„Heraklios", d.h. das Symbol es Bischofs bzw. des christlichen Theologen] nun von uns den Eindruck erhalten hast, als ob wir noch Kinder seien – von mir oder von Anatolios [Minister am Hof]; Du kannst aber auch noch den Memmorius [Präfekt von Tarsos] und den Sallustius [Freund von Julian und Präfekt der Gallier] dazu rechnen; denn wozu sollte sich auch einer von ihnen zieren? -, dann sollte man Dir *Antikyra* [Mittel gegen den Wahnsinn] verordnen" (223 a-b).

Mit diesen Worten schließt sich der Kreis. Als Philosoph ist Julian ein „Erwachsener" in der vollen Bedeutung des Wortes, d.h. ein einsichtiger Mann, der über genügend Disziplin und Kraft verfügt, um auch „unangenehme" oder „lästige" *Wahrheiten* zu ertragen, und der es nicht nötig hat, daß man ihm „die bittere Pille versüßt" und ihn „unterhält", indem man ihm anstelle dieser Wahrheiten „angenehme", aber unwahre und im übrigen „seltsame und widersprüchliche" Geschichten erzählt, die nur Kindern „glaubhaft" erscheinen. Daher protestiert der Philosoph Julian, wenn man versucht, ihn von heidnischen oder christlichen Mythen zu überzeugen; ja er lehnt es sogar ab, sie sich selbst zu erzählen, um zu versuchen, an sie zu glauben.[10] Als Kaiser hat Julian jedoch vor allem mit – physisch oder geistig – kleinen Kindern zu tun. Daher wollte er, daß man ihnen „zum Zweck der Sittenverbesserung" erbauliche Mythen in glaubhafter Form erzählt.[11]

---

[10] Vgl. *Die Cäsaren*, 18: „Den Göttern [welche die Philosophen „nachahmen"; vgl. 28. Marc Aurels Antwort] gehe es ja um Wahrheit, nicht um Beweis und Erprobung von Überredungskunst und feinem Benehmen (einschließlich der „süßen Würze" von Mythen jedweder Art)."

[11] Vgl. *Die Cäsaren*, 13: „Du [Kaiser Probus] aber warst stets allzu hart und schroff und gabst niemals nach. Du hast nun zwar Unrecht erlitten, aber durchaus nicht unverdient. Es ist ja unmöglich, über Pferde oder Rinder oder Maultiere und am wenigsten über Menschen zu herrschen, ohne ihnen nicht auch etwas *Erfreuliches* zu geben, so wie auch manchmal die *Ärzte* [indem sie bitteren Medikamenten Honig beimischen] den *Kranken* in kleinen Dingen entgegenkommen, um sie bei wichtigeren gehorsam zu haben. - Nanu, Väterchen [Silius], du bist ja zum *Philosophen* geworden! - Warum nicht, mein Kind! ... So laßt uns denn nicht immer nur *Scherze* machen, sondern auch einmal ernsthaft sprechen!"

In der Praxis handelt es sich für Julian darum, die Völker, die er als Römischer Kaiser zu regieren hat, zu erziehen. Und der Philosoph scheint fest davon überzeugt gewesen zu sein, daß der Kaiser sein Reich nur retten konnte, indem er seinen Untertanen *heidnische* Mythen vortragen ließ und zwar auf eine Weise, daß die große Mehrheit an sie wieder zu *glauben* begann. Wenn Julian in seinen philosophischen Schriften, die nur für die Philosophen und einige Staatsmänner unter seinen Freunden bestimmt waren, selbst Mythen erzählte, so tat er es dagegen auf eine Weise, daß sie den Lesern seiner Wahl völlig unglaubwürdig erscheinen mußten, diese dabei aber dennoch die Wahrheiten errieten, die er, indem er sie erzählte, lehren wollte. Allein, um als Kaiser erfolgreich zu sein, mußte Julian der großen Menge, die er regierte, die Wahrheit verbergen, die er als Philosoph einer kleinen Schar von Auserwählten lehren wollte. Und so ist es im wesentlichen dieser Zweck, die Verschleierung aus Gründen der Staatsraison, den Julian im Auge hatte, als er sich in jener „ironischen" Kunst des Schreibens übte, die ihn die alten Philosophen gelehrt hatten. Diese übten sie freilich vor allem, um sich vor Verfolgung zu schützen, aber auch aus Freude am Spiel und am Scherz, und zuletzt, um sich als Philosophen leichter erkennen zu können.

*

Im Lichte der historischen Erfahrung hat sich Kaiser Julians *Kunst des Schreibens* tatsächlich als große Kunst erwiesen. Denn obwohl er es nicht versäumt hat, uns in aller Deutlichkeit zu sagen, daß er persönlich an keine der theologischen Mythendichtungen glaubt, die man mit mehr oder weniger Erfolg zu seiner Zeit erzählt hat, ist er in die Geschichte nicht als atheistischer Philosoph eingegangen, sondern gilt sogar uns noch als sogenannter „frommer Heide" und angeblich „mystischer Neuplatoniker".

So bleibt mir nur zu hoffen, bei dem auf diesen Seiten unternommenen Versuch, mich Julians Kunst des Schreibens zu nähern, nicht sein Geheimnis „ausgeplaudert" zu haben. Und auch nicht das von irgend sonst jemandem. Diese Seiten werden denen, die der Kaiser aus der kleinen Schar der verständigen Leser seiner philosophischen Schriften ausschließen wollte, ohnehin nicht viel sagen. Sie werden ihnen sogar überhaupt nichts sagen. Denn im Geiste ihres Autors enthalten diese Seiten nichts anderes und nicht mehr als einen bescheidenen Gruß an die *bons entendeurs* der Philosophie: über die Meere und die Jahrhunderte hinweg.

Friedrich Kittler

Julian der Grieche

Heide ist ein Christenschimpfwort, das wir streng vermeiden werden. *Apostata* (*Abtrünniger*) klingt noch viel schlimmer. Julian war kein Heide, sondern Grieche. Wir müssen erst ganz langsam wieder lernen, was den letzten großen Römerkaiser wahr und siegreich machte. Seit Hendrik Ibsen oder Gore Vidal ist das ein wenig leichter. Nur Kojève trägt dazu wenig bei.

Amsterdam, 1656. Die portugiesisch-jüdische Gemeinde belegt Baruch Spinoza, einen vierundzwanzigjährigen Linsenschleifer, mit lebenslänglichem Bann. In ihren Augen hat er zuviel Descartes gelesen, zuviel Giordano Bruno. Vor allem aber glaubt Spinoza nicht daran, daß der unaussprechlich heilige Gott selbst es war, der seinem auserwählten Volk die Tora schenkte. Schlimmer noch, er lehrt, daß auch die Bücher Moses, Jesuas, Davids undsoweiter nicht von ihren Helden selbst geschrieben sind (um vom Neuen Testament zu schweigen). Diese Ketzereien läßt Spinoza zwar nur anonym und in lateinischer Gelehrtensprache drucken, vorgeblich auch in Hamburg statt in Amsterdam; aber schon nach Wochen ist die dürftige Fiktion in Holland aufgeflogen. Rabbiner, Kirchenräte und Synoden toben,

1674 gerät Spinozas *Tractatus theologico-politicus* auf den Index der vom Papst verbotenen Bücher.

Was die historische Bibelkritik freilich nicht daran gehindert hat, historisch zu beginnen. Daß die Bibel nur ein Buch wie andere ist, nicht etwa das Buch der Bücher, war damals eine ungeheuer frohe Botschaft. Strauß, Wellhausen, Nietzsche, Bultmann – alle schrieben sie noch wie die Zwerge auf Spinozas Riesenschultern.

New York, 1952. Leo Strauss, der lieber Jude hieß als Deutscher, lieber noch Faschist als Liberaler, schreibt *Persecution and the Art of Writing*. Das Buch (von meinem emigrierten Doktorvater nach der Heimkehr mir so dringend anempfohlen) handelt von Spinozas Kunst, die Zensur der Amsterdamer Synagogen listig zu umgehen. Es lehrt, daß eben durch Verfolgung Bücher schöner werden können, strenger, schlanker, konzentrierter. (Was Kojève glatt überlesen hat.) Seitdem weiß ich, wie es geht, Heidegger treu zubleiben, ohne ihn zu nennen. Seitdem wurde Leo Strauss zum Leitbild aller Neocons.

Paris, 1964. Alexander Wladimirowitsch Koschewnikow, in Frankreich als Alexandre Kojève naturalisiert, liest auf seine alten Tage Julianus. Kein Kaiser hat mehr Schriften, Briefe, Hymnen hinterlassen als der letzte ‹Heide› auf dem Thron. Kojève denkt an Leo Strauss, den Berliner Jugendfreund. Was, wenn Julians Versuch, die Griechengötter gegen alles Christentum zurückzubringen, nur eine List gewesen wäre? Ganz wie es Kojève schon in den Dreißigern gelungen ist, Hegels Absoluten Geist schlicht wegzudeuten und – für deutschunkundige Franzosen – durch ‹Anerkennung› zwischen Männern zu ersetzen, soll sich nun der letzte ‹Heide› als erster kaiserlicher Atheist entlarven. So hinterläßt Kojève, „der einzige echte Stalinist", während er mit Jacques Delors die Europäische Gemeinschaft schmiedet, ein letztes irr verzerrtes Selbstportrait.

Lutetia, 358. Julianus herrscht als Unterkaiser (Caesar) von Paris aus über Gallien. Sein Neffe Constantius, der in Byzanz den Kaiser (Augustus) gibt, ist über den scheinbar weltverlorenen Philosophen jetzt als Feldherrn baß erstaunt: Die Alemannen sind aufs Haupt geschlagen, die gallischen Provinzen wieder fest in Römerhand. Überall im Reich läßt Constantius, der Arianer ist, Athanasianer und sogenannte Heiden hart verfolgen. Deshalb beruft er Julians engsten Freund, den heidnischen Philosophen Sallustius, aus Gallien ab, drei Jahre später überdies auch die kräftigsten Legionen.

Auf diese Schmähungen hat der philosophische Julian zwei Antworten. Erstens schreibt er einen Hymnus auf Sallustius, der auf der Oberfläche zwar den einen Christengott anruft, ihn unterirdisch oder allegorisch aber durch Athene oder Zeus ersetzt (249 b, 252 c-d). Julian, jahrelang Gefangener seines mörderischen Herrn und Neffen, weiß nur allzu gut, daß alle kaiserliche Schnellpost von beamteten Agenten überwacht wird, seit Konstantin auch noch von Kirchenvätern. (Was Julian, zur Freude von Kojève, also gleich verbieten wird.) Persecution and the Art of Writing...

Zweitens bringt Julian seine Legionen dazu, gegen Constantius aufzustehen und ihn selber blutjung zum Augustus auszurufen. Es kommt beinah zu offener Feldschlacht zwischen beiden, doch zum Glück für Julians Legionen stirbt der Kaiser kurz zuvor im Feldbett. Der Thron steht endlich wieder einem Griechen frei.

Konstantinopel, Frühjahr 362. Julian kann als Kaiser öffentlich verkünden, daß Kulte sämtlich zugelassen werden, christliche und griechische. Aber er befiehlt zugleich, alle alten, als Kirchen jahrelang mißbrauchten Tempel wieder aufzubauen. Seinen Freund und Leibarzt schickt er nach Delphi, um das Orakel neu zu stiften, muß aber aus Pythias letzten Versen schmerzlich hören, daß sie ihre Zeit gewesen glaubt. (Als hätte Hölderlin den Fehl der Götter schon vernommen.) Und schließlich läßt Julian Römer und Athener, Spartaner und Korinther in feierlichen offenen Briefen wissen, er habe unter Constantius zwölf Jahre lang heucheln müssen, Christ zu sein und noch nicht wieder Grieche (434 d) – und das, obwohl er in die Kulte von Eleusis (172 d-173 a) und die des Kriegergottes Mithras (130 c-d) doch schon heimlich eingeweiht war. (Was ganz nebenbei erklärt, warum Julians Unsagbarkeitsrhetorik mit Kojèves Schreibkunst nichts zu schaffen hat: Antike Mysten mußten Schweigen wahren, Griechen unter Christen noch viel mehr, aber nie, um ihre Götter zu verraten.)

Diesen Mithras nennen Römer schon seit Aurelian den Sol invictus, ihren unbesiegbar großen Reichsgott. Sol macht das Sonnenjahr erst möglich und setzt Römer wie Ägypter (155 a) vom Osterfest der provinziellen Christen oder Juden ab. Deshalb widmet Julian Helios einen seiner langen Hymnen, die er aber alle nur in Prosa schreiben kann, weil die gegenwärtige Menschheit von der heiligen Musik nichts mehr versteht (442 b, 337 b). Der Kaiser dichtet Götterhymnen, weil er alte Bücher liebt. Ein skythischer Eunuch, der vormals Julians Mutter schon Homer und Hesiod erklärt hat (352 a-c), bringt sie ihm mit sieben Jahren wahrhaft bei.

Mardonios zum kleinen Julian: „Was, du siehst gern Pferderennen? Eins ist in Homer. Nimm das Buch und lies! Hörst du deine Freunde von Pantomimen-Tänzern reden? Laß sie allein! Bei den Phaiaken tanzen sie viel männlicher! Und als Kitharaspieler hast du Homers Phemios, als Sänger Demodokos." (351 d)

Dieser Kaiser soll ein Atheist gewesen sein? Er habe mit den Göttern „spaßeshalber" Spott getrieben wie schon Platon im *Timaios*? Das scheint den alten Platon, wie Aristoxenos bezeugt, doch gründlich zu verkennen. Julian hatte erstens, allmächtig wie er war, zur Kunst des klandestinen Schreibens keinen Grund. Er fordert zweitens auch nicht „andächtiges Schweigen" von den Göttern, sondern nur das fromme gute Reden namens Euphemie (187 c).

Was der Kaiser an den neueren Kynikern haßt, nennt er denn auch schlichtweg Blasphemie (211 a): Sie leugnen Griechenlands Orakel (209 b), statt ihr Schweigen trauernd wie Plutarch und er zu tragen. Es geht also gar nicht um den Gegensatz von Spott und Ernst, Fiktion und Wirklichkeit, wie Kojève ihn konstruiert, sondern um das gute oder schlimme Reden. Was die Griechen von den Göttern sagen, sind (im Gegensatz zu den Barbaren) keine Märchen oder Wundertaten; es ist der Logos ihres Seins (252 b). Und weil zu diesen Mächten außer Zeus und Hera auch Aphrodite unbestreitbar zählt, wirkt Julian selbst ein kleines Wunder: Auf dem Kapitol zu Rom thront sie als Venus (anstatt Juno) neben Jupiter und Athene (153 d). (Was Julian nicht daran hindert, gegen Römerschaulust an obszönen Spielen läßliche Verbote zu erlassen [304 b-d].)

Unter den Barbaren, die der Kaiser achtet, sind die Juden. Im Gegensatz zum großen Hadrian, der in Jerusalem einen Zeustempel errichten ließ, bietet Julian den Juden an, den zerstörten Tempel ihres Gottes wieder aufzurichten (398 a). Sie haben nur nicht ägyptische Geometrie, babylonische Astronomie und phönizische Arithmetik so liebevoll erforscht, um wie Pythagoras von Samos den Kreis vier freier Künste durch die griechische Musik zu schließen. Demnach können wir von Juden oder Christen schlechthin keine Wissenschaft erwarten (222 a, 178 b).

Unter den Barbaren, die der Kaiser haßt, sind die Galiläer (wie er vor Verachtung seine Christen nennt) am schlimmsten. Sie müssen nicht in Tempeln beten, sondern leben weiter völlig frei (424 c). Doch ihr Glaube an die Märtyrerreliquien (335 c) und Jesu Wundertaten macht den Kaiser krank. Der Dauerstreit zwischen Arius und Athanasius hat beinah das Reich zerstört und lauter Mord und Totschlag unter Christen ausgelöst (379 c). Und schließlich haben sie, nur sie, die alten Göttertempel freventlich zu Kirchen umgebaut. Denn im Tempel thront allein das Götterbild, während die Gemeinde scheu im Freien opfert; in der Kirche drängen sich die Sklaven, Mägde und Frauen (206 a), um einen Bischof, der nur das asiatische Hofzeremoniell spätrömischer Kaiser seit Diokletian nachspielt. Alles Dinge, die der Asket Julian zu

Recht verachtet – wie nach ihm Hegel, Nietzsche und Kojève.

Um so trauriger, daß Kojève den Unterschied von Götterkult und Religion verkennt, um Religionskritik als allegorisch verbrämten Atheismus zu mißdeuten. Er hätte bei Heidegger nachlesen können, daß die Griechen gar keine Religion hatten, sondern erst die Römer. Und was Julian von Allegorese hält, erklärt er selbst am besten.

Antiochia, 362. Ein kaiserliches Edikt erklärt, daß rechte Bildung des Geistes eines der höchsten Güter ist. Wenn jemand eines denkt, aber anderes lehrt, ist er ein Betrüger. Dieser Fall tritt leider bei Rednern, Dichtungslehrern und Sophisten ein. Sie bringen reichen jungen Schülern bei, wie Homer, Hesiod und andere Sänger moralisch und politisch auszulegen sind. (Kojèves Begriff von Ethik wirkt dagegen ziemlich eng.) Schon für die Beamtenlaufbahn bleibt die Dichterkenntnis (wie in China) unerläßlich, also zahlen Eltern solchen Lehrern gutes Geld. Nun singen aber einerseits Homer und Hesiod, daß aus ihnen nur die Musen oder Götter singen. Andererseits sind unter solchen Lehrern viele Christen. Priester müssen zwar vom Auslegen der Dichter leben, aber deren Götter allegorisch wegerklären. Schon unter Philosophen hat es seit Platon Tradition, Gewalt und sexuelle Lust der Göttinnen und Götter abzustreiten, aber nie sie selbst. Das wagen erst die Kirchenväter seit Tertullian und Augustin, beamtete Gymnasiallehrer und Professoren bis Kojève. Ihnen allen hat Julians Allegorie-Verbot für ein paar Monate das Lügenhandwerk gelegt.

„Ich halte es für absurd, daß Männer, die solche Werke auslegen, die Götter, die ihre Dichter ehrten, selbst nicht ehren." (423 a; vgl. 74 d-75 a)

Ich auch.

Aber weil Kojève Julians berühmtestes Edikt aus klaren Gründen unterschlägt, kann die unfromme Allegorese lustig weiter gehen. Der Galiläer hat gesiegt.

Maranga, 363. Jenseits des Euphrat kämpfen (wie kurz zuvor jenseits des Rheins) Julians Legionen. Tief im Perserreich, das er von Antiochia her angegriffen hat, stirbt Flavius Claudius Julianus an einem Streifschuß. Der Pfeil, wie üblich, war vergiftet. Die Frage, ob ein Perser schoß oder doch ein Christ, bleibt dunkel wie die Todesnacht. Julians letzte Worte, wie sie Christen überliefert haben:

„Galiläer, du hast gesiegt."

Persecution and the art of dying. . .

Niemand sollte Kriege um das Sein und um die Götter als Ostereierkinderspiel verraten.

Internationaler Merve Diskurs **www.merve.de**